SMART
TRAVELLING

EINE PERFEKTE WOCHE ...
NEW YORK

LIEBLINGSADRESSEN IN NEW YORK

1 Hotel: Ace Hotel
20 West 29th Street
Midtown
Tel: 001 212 6792222

Seite 9

2 Hotel: 1 Hotel Central Park
1414 Avenue of the Americas
Midtown
Tel: 001 212 7032001

Seite 15

3 Hotel: Wythe Hotel
80 Wythe Avenue
Williamsburg
Tel: 001 718 4608000

Seite 21

4 Restaurant: The Fat Radish
17 Orchard Street
Lower East Side
Tel: 001 212 3004053

Seite 31

5 Restaurant: Dudleys
85 Orchard Street
Lower East Side
Tel: 001 212 9257355

Seite 37

6 Restaurant: Minetta Tavern
113 MacDougal Street
West Village
Tel: 001 212 4753850

Seite 45

7 Shop: Russ & Daughters
179 East Houston Street
East Village
Tel: 001 212 4754880

Seite 53

8 Restaurant: Marlow & Sons
81 Broadway
Williamsburg
Tel: 001 718 3841441

Seite 63

9 Restaurant: Five Leaves
18 Bedford Avenue
Greenpoint
Tel: 001 718 3835345

Seite 71

10 Bar: Maison Premiere
298 Bedford Avenue
Williamsburg
Tel: 001 347 3350446

Seite 77

11 Shop: Smorgasburg Market
East River State Park
Kent Avenue und North 7 Street
Williamsburg

Seite 85

Gut zu wissen
Tipps, Ausflüge, Spaziergänge

Seite 89–120

NEW YORK, NEW YORK

Die ganze Welt in einer Stadt! New York hat und kann alles, ist Metropole und Dorf zugleich. Mit dem Busfahrer kann man entspannt plaudern, die Barneys-Verkäuferin gibt sich hochnäsig, die Concierge ist ein verhinderter Star.

Längst aber hat Manhattan ernst zu nehmende Konkurrenz bekommen. Williamsburg, Bushwick, Dumbo und Green Point sind die Viertel, in denen heute Neues entsteht. Manches davon ist mittlerweile sogar schon sehr etabliert, und dazu sprießen überall Ideen und Konzepte aus dem Boden, die ihren ganz eigenen Gesetzen folgen. Lassen Sie sich Tag für Tag durch die verschiedenen Viertel treiben, nirgendwo ist es so aufregend wie hier. Experimentiert wird nicht nur in neuen Galerien und Concept-Stores, sondern vor allem auch in der Restaurant-Szene. Wie in kleinen italienischen Trattorien trifft man sich abends zu einem Glas Wein und einer Buchweizen-Pizza, belegt mit Bio-Gemüse aus Upstate New York. Oder man schlemmt Austern mit Absinth dazu, und unterwegs kann man immer mal wieder stoppen, um sich mit einem Superfood-Smoothie neue Energie zu holen.

„The City That Never Sleeps" ist New York heute nicht mehr. Aber dennoch immer wieder der Zeit voraus, Hochburg der Intellektuellen, Fashion-Metropole und Gourmet-Paradies und vor allem auch eine eigensinnige Schönheit mit glitzernden Hochhausfassaden, lauschigen Brownstone-Houses, jeder Menge Grün und einer Industriearchitektur, die längst in coole Lofts, Läden und Galerien umgewandelt wurde.

ACE HOTEL

ACE HOTEL

Wer im Ace Hotel absteigt, ist wirklich mitten in New York City. Einmal wegen der perfekt zentralen Lage zwischen 5th Avenue und Broadway und der unmittelbaren Nähe zum Madison Square Park, von dem aus man wunderbar in alle Richtungen ausschwärmen kann. Aber auch, weil man im Ace direkt am Puls der Zeit ist, versorgt mit Gourmet-Kaffee der Stumptown Coffee Roasters und von New Yorks Spitzenköchin April Bloomfield, die mit The Breslin und dem John Dory dort zwei der angesagtesten Restaurants von New York führt. Außerdem gibt es hier den Fashion-Store Ceremony und eine Hotellobby, in der rund um die Uhr das Leben pulsiert, an MacBooks gearbeitet wird, sich die Nachbarschaft auf einen Drink trifft sowie interessante Ausstellungen und Konzerte stattfinden. Das historische Stadthaus von 1904, in dem sich einst das Breslin Hotel befand, wurde im „rough luxe"-Stil behutsam renoviert. Die Zimmer sind schlicht elegant eingerichtet, mit Vintage-Möbeln, hochwertigen Stoffen, in dunklen Farben und mit vielen liebevollen Details. Ein großer Smeg-Kühlschrank, gefüllt mit Snacks vom Feinkost-Deli Dean & Deluca, eine bereitgestellte Gitarre oder ein Plattenspieler geben einem leicht das Gefühl, in einem Apartment in Midtown zu wohnen.
Erfrischend, urban und gemütlich funktioniert das Ace sowohl für Kreative, Hipster, Geschäftsleute als auch für Familien und ist ein wunderbar lebendiger Ort mit perfektem Preis-Leistungs-Verhältnis.

1 Ace Hotel Adresse: 20 West 29th Street, Midtown
Tel: 001 212 6792222 Internet: www.acehotel.com/newyork
Preise: DZ ab $ 220 ohne Frühstück

☞ The Breslin

The Breslin Bar & Dining Room ist neben dem Spotted Pig ein weiteres Erfolgsrezept von April Bloomfield und Ken Friedman, das den Fokus auf „Nose To Tail Eating" und saisonale Produkte von lokalen Farmen aus Upstate New York legt. Berühmt sind die wechselnden Terrinen aus der hauseigenen Charcuterie, der Breslin Burger oder die Salatkreationen, die frisch vom Farmers' Market am Union Square kommen.

Am Wochenende ist das Breslin auch ein beliebter Treffpunkt zum Brunch.

Adresse: 16 West 29th Street (zwischen Broadway und 5th Ave), Midtown
Tel: 001 212 6791939, Internet: www.thebreslin.com
Öffnungszeiten: Täglich 7.00 – 24.00 Uhr, Late Night Menu Montag – Samstag bis 2.00 Uhr, Bar bis 4.00 Uhr

☞ The John Dory

Nachdem schon The Spotted Pig ein Dauererfolg wurde, eröffneten Bloomfield und Friedman mit der gleichen stilsicheren Liebe zum Detail das John Dory. Die originelle Oyster Bar besticht durch knallgrüne und knallblaue Hocker, köstliche Barsnacks wie Toast mit Petersilie und Anchovis, Krebs- und Avocadosalate, die besten Austern von der Ost- und Westküste und eine außergewöhnliche Cocktail-Karte von „Mixologist" Sasha Petraske.

Adresse: 29th Street in the Ace Hotel, 1196 Broadway, Midtown
Tel: 001 212 7929000
Internet: www.thejohndory.com
Öffnungszeiten: Täglich 11.30 – 24.00 Uhr, Oyster Happy Hour: Täglich 17.00 – 19.00 Uhr und Samstag und Sonntag 12.00 –19.00 Uhr

1 HOTEL CENTRAL PARK

Dieses Eco-Designhotel ist ein absolutes Must für alle Freunde des gesunden Lifestyles. Hotel-Ikone Barry Sternlicht hat seinen neuesten Schatz ganz nach dem Motto „green is the game of the name" im grünen Herzen von Manhattan, in unmittelbarer Nähe zum Central Park, niedergelassen.

Midtown Manhattan ist normalerweise nicht der Ort, wo man sich eine Lektion zu umweltfreundlicher Gastlichkeit anhören würde, doch das 1 Hotel ist eine Meisterklasse – der Farmstand in der Lobby ist die Miniatur eines Bauernmarktes, im Zimmer wartet dreifach gefiltertes Wasser, eine Dusche, die an ein Gewächshaus erinnert, inklusive einer Sanduhr, die nach 5-minütigem Duschen die Gäste charmant an unsere Umwelt erinnert, dazu natürliche Beautyprodukte, Bettwäsche aus organischer Baumwolle, Yoga-Matten, und die erwarteten Luxusautos werden von Elektro-Teslas ersetzt.

Ganz klar, Barry's Mission „Design by Nature" zeigt, dass Öko-Lifestyle-Konzepte durchaus stylisch sein können! Und nicht zu vergessen – im hauseigenen Restaurant wird man von einem Pionier der gesunden California Cuisine von früh bis spät mit frischen Köstlichkeiten aus lokaler Ernte verwöhnt. Wer denkt da noch an ein hektisches New York?

2 1 Hotel Central Park Adresse: 1414 Avenue of the Americas, Midtown
Telefon: 001 212 7032001 Internet: www.1hotels.com/central-park
Preis: DZ ab 290 Euro

☞ Weitere Lieblingshotels in Manhattan

The Jane Hotel & Ballroom

Das Gebäude ist schon über 100 Jahre alt und hat nach dem Untergang der Titanic Seemänner beherbergt. Die Zimmer sind eng und cozy, dafür ist das Café Gitane mit seinen hohen Decken aber umso luftiger. Ein Ableger vom Nolita-Klassiker, wo man bei köstlichem Avocado-Toast oder einem „hachis parmentier" nicht besser in den Tag starten kann. Im Ballroom, einer plüschigen Lounge-Bar im Stil der 60er, kann man außergewöhnliche Cocktails wie „the angry inch", einen erfrischenden Drink mit Tequila, Jalapeño, Gurke und Limette genießen. Beliebter Ort für Fashion Week After Parties!

Adresse: 113 Jane Street, Meatpacking District
Tel: 001 212 9246700, Internet: www.thejanenyc.com
Preise: DZ ab $ 250

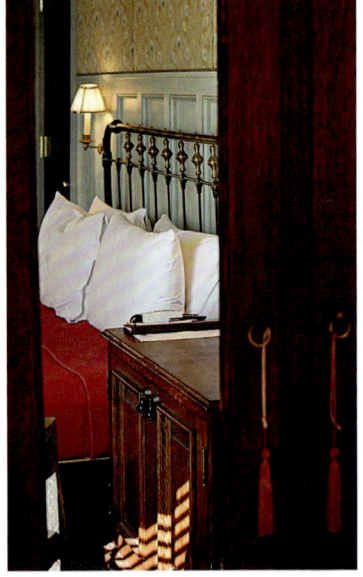

Hotel NoMad

Nein, der Name hat nichts damit zu tun, verrückt zu sein, er spielt vielmehr auf
modernes Nomadentum und vor allem auf die Location North of Madison Square
an. In dieser Gegend, die von Touristenshops nur so wimmelt, ist das NoMad eine
Oase des guten Geschmacks. In einem Beaux-Arts-Gebäude von 1903 untergebracht, hat man das Gefühl, im Paris der Jahrhundertwende zu sein. Zumindest
fast. Denn die eleganten Zimmer mit seidenbezogenen Paravents, samtenen Sofas, Ledersesseln, ausgesuchten antiken Teppichen und dazu satte Herbstfarben,
schaffen gleichzeitig den perfekten Twist ins Moderne. Die Bibliothek ist wohlsor-
tiert und ein wunderbarer Rückzugsort – und bei Sternekoch Daniel Humm kann
man in The Parlour hochkarätig essen.

Adresse: 1170 Broadway/28th Street, Chelsea
Tel: 001 212 7961500, Internet: www.thenomadhotel.com
Preis: DZ ab $ 340

WYTHE HOTEL

So ein Hotel hat in Williamsburg immer gefehlt. Nicht nur, dass es in dem schönen roten Backsteingebäude an der Waterfront durch seinen ganz eigenen Stil besticht, dazu hat es auch noch die atemberaubendsten Blicke auf die Skyline von Manhattan: ob aus den stylishen, hellen Zimmern, die loftmäßig puristisch sind und große Fenster bis zum Boden haben, oder von der Rooftop-Bar The Ides in der sechsten Etage, die am Abend ein angesagter Williamsburg-Treffpunkt ist. Doch verwöhnt wird man im Wythe Hotel auf vielfältige Art und Weise. Im Reynard Café-Restaurant, in dem französisches Brasserie-Flair auf Brooklyn-Style trifft, kann man wunderbar „farm-to-table" essen. Zum Brunch zum Beispiel „Eggs Benedict" oder „Bitter Greens" mit Pecorino und später „Seafood Toast" oder Carpaccio mit Wassermelone, brauner Butter und Koriander. Auf den Zimmern hingegen erwartet einen eine Minibar-Holzbox mit gutem Wein und Köstlichkeiten wie „Mast Brothers Chocolate", „Homemade Granola" und Popcorn. Das Kleinod mit seinen 70 Zimmern liegt mitten im coolen Teil von Brooklyn, direkt zwischen Greenpoint und Williamsburg, und alles ist von dort aus perfekt zu Fuß zu erreichen. Ein gelungenes Konzept, hinter dem Andrew Tarlow, der Besitzer des Marlow & Sons, steckt, einer der Pioniere in Williamsburg, den es schon vor mehr als 15 Jahren auf die andere Seite des Flusses zog.

3 Wythe Hotel Adresse: 80 Wythe Avenue, Williamsburg
Tel: 001 718 4608000 Internet: www.wythehotel.com Preise: DZ ab $ 300
Reynard Tel: 001 718 4608004 Öffnungszeiten: Täglich 7.00 – 24.00 Uhr

☞ The Marlton

Im Herzen von Greenwich Village fühlt man sich im Marlton wie zuhause, als würde man den Traum eines New Yorker Lebens führen. Die Zimmer sprühen nur so vor New Yorker Vintage-Charme und die wohnliche Nachbarschaft rundherum ist einfach entzückend. Sowieso, die Lage des Marlton könnte nicht besser sein, ob Flanieren durch Soho, Window-Shopping auf der 5th Avenue oder einen Drink im hippen Meatpacking District nehmen, alles ist quasi nur einen Katzensprung entfernt. Diese ganzen Vorzüge haben sich auch längst in der Modeszene herumgesprochen und machen das Marlton zu einem Treffpunkt der Fashionistas.

Adresse: 5W 8th Street, Greenwich Village
Telefon: 001 212 3210100
Internet. www.marltonhotel.com
Preis: DZ ab 220 Euro

🖝 The Ludlow Hotel

Drei New Yorker Hoteliers wollten ein hippes Wohnzimmer für die Nachbarschaft und Besucher aus aller Welt schaffen – und das mitten in der angesagten Lower East Side. Wer die Lobby betritt, wird sofort merken: Das ist gelungen. Hier fliegt eine gesunde Portion Industrie-Chic und Charme der 8oer-Jahre durch die Luft, mit knisterndem Kamin und tollen Details wie Seidenteppichen oder handgefertigten marokkanischen Lampen. Doch das war noch nicht alles. Das eigentliche Highlight ist der Ausblick auf die Wolkenkratzer von New York, der einfach postkartenreif ist. Dazu kommt auch, dass die meisten der Zimmer über einen Balkon verfügen – außergewöhnlich für NYC!

Adresse: 180 Ludlow Street, Upper Soho
Telefon: 001 212 4321818
Internet: www.ludlowhotel.com
Preis: DZ ab 220 Euro

🖙 Nolitan Hotel

Von außen ganz unauffällig, überrascht das Nolitan Hotel im Inneren mit schickem minimalistischem Understatement – Eames-Stühlen, Eichenböden und lichtdurch-fluteten Räumen. Das nicht allzu sehr von Touristen überlaufene Nolita-Viertel lockt vor allem mit seinem authentischen Charme. Und wer doch mal schnell alle wichtigen Sightseeing Hotspots abklappern möchte, kann sich an der Rezeption Skateboard oder Fahrrad ausleihen! Allerdings sollte man wissen: Die großzügige Lounge sowie der umwerfende Ausblick von der Dachterrasse lassen einen nur schwer dieses Hotel verlassen!

Adresse: 30 Kenmare Street, Little Italy
Telefon: 001 212 9252555
Internet: www.nolitanhotel.com
Preis: DZ ab 300 Euro

THE
FAT
RADISH

THE FAT RADISH

Ein Lieblingsrestaurant in der Lower East Side. In der ehemaligen chinesischen Wurstfabrik haben der Koch Benjamin Towill und der Designer Phil Winser 2010 ihr Farm-to-table-Restaurant The Fat Radish eröffnet. Hier stimmt einfach alles, von der Einrichtung bis zur Karte, die, wie der Name schon anklingen lässt, sehr gemüselastig ist. Ein moderner Klassiker ist die „Fat Radish plate" mit braunem Reis, Gemüsen der Saison und jeder Menge Kräutern, der cremige Kichererbsenhummus ist unvergesslich, aber auch ein Burger fehlt nicht auf der Karte. Das Menü stellt Towill danach zusammen, was er frisch und hochwertig auf dem Union Square Greenmarket bekommt. Einfach, gesund und köstlich, das sind die Kriterien für seine Küche, in der ausschließlich saisonal und mit handverlesenen Zutaten gekocht wird. Im Fat Radish ist immer ziemlich viel los, dicht an dicht und sehr gemütlich sitzt man an den bunt zusammengewürfelten Holztischen mit trendy Leuten aus der Nachbarschaft. Will man in Ruhe reden oder es etwas entspannter haben, sollte man zum Lunch kommen. Für abends muss man unbedingt reservieren. Toll ist es auch, hier am Wochenende zu brunchen – mit Buttermilch-Biscuits mit Cheddar und Dill oder süßem Erbsen-Pie mit Minze und Crème fraîche.

4 The Fat Radish   Adresse: 17 Orchard Street, Lower East Side
Tel: 001 212 3004053   Internet: www.thefatradishnyc.com
Öffnungszeiten Lunch: Dienstag – Freitag 12.00 – 15.30 Uhr,
Montag geschlossen, Brunch: Samstag – Sonntag 11.00 – 15.30 Uhr
Dinner: Montag – Samstag 17.30 – 24.00 Uhr, Sonntag 17.30 – 22.00 Uhr
Preis: DZ ab 290 Euro

☛ The Leadbelly

The Leadbelly ist quasi die Bar von The Fat Radish und liegt praktischerweise genau gegenüber. Zelebriert man in dem Restaurant gesunde Zutaten, führt das Leadbelly vor, wie man das durchaus auch auf Cocktails übertragen kann. Im schlichten und schön-türkisen Ambiente kann man sich mit „dirty lemonade" aus Rum, Limoncello, Jalapeño und Honig oder „Tequila Rose" mit Grapefruit, Limette, Rote Bete und Jalapeño vitaminreich betrinken. Zu den kleinen Barsnacks gehören Austern ebenso wie Crostini mit Ricotta und Erbsen oder Avocado-Krabben-Toast. Die Bar ist sehr beliebt, aber zum Glück auch groß genug, sodass man meistens einen Platz bekommt.

Adresse: 14b Orchard Street, Lower East Side
Tel: 001 646 5969142, Internet: www.theleadbelly.com
Öffnungszeiten: Dienstag – Samstag 18.00 – 2.00 Uhr, Sonntag 17.00 – 24.00 Uhr

COFFEE WINDOW

COUNTER
CULTURE

COFFEE $2.25
AMERICANO $3
ESPRESSO $3.00/4
MACCHIATO $3.50
CORTADO $3.50
CAPPUCCINO $4
LATTE $4
FLAT WHITE $4
MOCHA $4.50
HOT CHOC $4
ICE COFFEE $3.00
ICE LATTE $4.50
ICE T $3.50
TEAS $3
large add .50¢

CASH/CREDIT

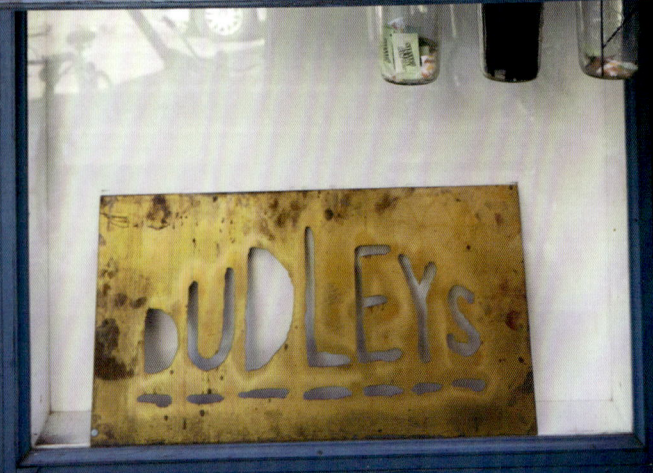

DUDLEYs

DUDLEYS

Das Dudleys ist einfach zu jeder Tageszeit die richtige Adresse. Zum Frühstück werden himmlisch fluffige Pancakes, leicht angetoastetes Banana Bread und Blueberry-Porridge serviert, zum Lunch sollte man unbedingt die pochierten Eier mit Sauce Hollandaise auf einem Avocado-Vollkornbrot probieren, schließlich gilt das Avo-Toast als das beste der Lower East Side – und zum Dinner werden alle Nicht-Veganer mit dem House-Burger samt Trüffelpommes in den Foodie-Himmel katapultiert. Dazu gibt es natürlich auch den perfekten Flat White, unzählige Juices und ausgewählte Craft-Beer-Sorten. Ach – und die Ananas-Minz-Schorle sollte man auch probiert haben!

Doch nicht nur kulinarisch macht das Dudleys glücklich, man könnte meinen, man wurde lange nicht mehr so freundlich und aufmerksam bedient und das schlichte, aber stylische Interieur, inspiriert vom relaxten Australian-Way-of-Living, macht dieses Restaurant zu einem der aktuell beliebtesten Orte der Stadt. Kein Wunder, dass hier nur die Coole-Szene des Districts zu finden ist!

5 Dudleys Adresse: 85 Orchard Street, Lower East Side
Telefon: 001 212 9257355 Internet: www.dudleysnyc.com
Öffnungszeiten: Sonntag – Mittwoch 9.00 – 2.00 Uhr
Donnerstag – Samstag 9.00 – 4.00 Uhr

👉 Dimes

Nachdem Alissa und Sabrine die halbe Welt bereist haben – von Italien, über Süd-ostasien, Indien, Marokko, Mexiko bis nach Kuba –, brachten die zwei all ihre Inspi-rationen mit zurück nach New York und haben in Chinatown die Türen des Dimes eröffnet! Die viele Reiserei erklärt dann natürlich auch die kreativen und kultur-übergreifenden Geschmackskompositionen, die in der Küche gezaubert werden: Rhabarber-Feigen-Brot mit Ziegenkäse und Kamille, Açai-Bowls mit Hand-Granola und Blütennektar, Iced Black Tea mit Lavendel, hausgemachter Mandelmilch und Honig oder geschmortes Huhn mit Zitronen-Aprikosen-Couscous. Das Dimes zeigt par excellence, wie sehr die gesunde Küche ein Genuss sein kann!

Adresse: 49 Canal Street, Lower East Side
Telefon: 001 212 9251300, Internet: www.dimesnyc.com
Öffnungszeiten: Montag – Freitag 8.00 – 23.00 Uhr, Samstag 9.00 – 23.00 Uhr,
Sonntag 9.00 – 22.00 Uhr

☞ Mission Chinese Food

Auf jedem der Tische in dem kleinen schummrigen Raum stapeln sich Schüssel-
chen mit den Appetizern, die man sich perfekt teilen kann. Doch nicht nur die Küche ist ein Erlebnis, sondern auch der Ort selbst. In rotes Licht getaucht, stehen
die Stühle hier nicht nur auf dem Boden, sondern hängen auch von der Decke,
die Musik ist aufgedreht, und dazu schlängelt sich ein großer Papierdrachen um
die immer voll besetzte Bar herum.
Ein Muss: der Salat aus sieben Sorten Meeresalgen und die „spicy eel rolls".

Adresse: 171 East Broadway, Lower East Side
Tel: 001 212 4320300, Internet: www.missionchinesefood.com/nyc
Öffnungszeiten: Lunch Mittwoch – Sonntag 12.00 – 16.00 Uhr, Dinner Sonn-
tag und Montag 17.30 – 23.00 Uhr, Dienstag –Samstag 17.30 – 24.00 Uhr

MINETTA TAVERN

Die alte Taverne in Greenwich Village blickt auf eine lange Geschichte zurück. Schon Ernest Hemingway, Ezra Pound, Eugene O'Neill, Dylan Thomas und Joe Gould nahmen hier ihre Drinks, und auch Filme wie „Sleepers" wurden hier gedreht. 2009 belebte Keith McNally die Taverne wieder und machte sie zu einem Lieblingsort. Ohne Reservierung hat man keine Chance auf einen Tisch inmitten der Ladys in High Heels, Anzugträger und Girls in Yogapants. Statt griechischen Tavernenflairs weht heute Paris-Bar-Feeling durch die holzgetäfelten Räume mit ihren weinroten Lederbänken. Auf der Karte treffen französische Bistroklassiker auf amerikanische Steakhouse-Favorites. Dazu gehören „roasted bone marrow" mit Schalottenconfit ebenso wie Muscheln in Weißweinsud mit Safran und Chili oder Schokoladen-Soufflé, die allesamt köstlich sind. Absolutes Highlight unter Fleisch-Aficionados ist der „Black Label Burger" mit seinem „dry-aged beef", trocken abgehangenem Rindfleisch, dem sich Feinschmecker-Abhandlungen widmen. Die Minetta Tavern ist ein typischer McNally-Ort, der Tradition atmet und an dem man jetzt schon spürt, wie er in Würde altern wird und mit der Zeit sogar noch an Reiz gewinnt. Typisch für ihn auch das „supper menu" von Mitternacht bis zwei Uhr morgens. Um das alles zu genießen, sollten Sie zur Sicherheit rechtzeitig im Voraus buchen.

6 Minetta Tavern Adresse: 113 MacDougal Street, West Village
Tel: 001 212 4753850 Internet: www.minettatavernny.com
Öffnungszeiten Lunch: Mittwoch – Freitag 12.00 – 15.00 Uhr,
Brunch: Samstag – Sonntag 11.00 – 15.00 Uhr, Dinner: Sonntag – Mittwoch
17.30 – 24.00 Uhr, Donnerstag – Samstag 17.30 - 1.00 Uhr

☞ Weitere Lieblingsadressen im West Village:

Balthazar

Das Balthazar ist die glamouröse „Grande Dame" des Unternehmens und, 1997 eröffnet, die größte Erfolgsgeschichte Keith McNallys. Man kann den Tag hier schon
morgens um 7.30 Uhr mit einem Frühstück beginnen, zwischendurch auf ein „steak
au poivre" vorbeischauen, sich nach Mitternacht ein „plateau de fruits de mer" teilen oder nur einen Abstecher auf einen Kaffee machen. Einer der wenigen Orte in
New York, wo man sich auch mal länger bei schlechtem Wetter aufhalten kann. Die
gleichnamige Bäckerei nebenan ist bekannt für ihr gutes Brot und die köstlichen
Pistazien-Madeleines.

Adresse: 80 Spring Street/Crosby Street, SoHo
Tel: 001 212 9651414, Internet: www.balthazarny.com
Öffnungszeiten: Montag – Donnerstag 7.30 – 24.00 Uhr, Freitag 7.30 – 1.00 Uhr,
Samstag 8.00 – 1.00 Uhr, Sonntag 8.00 – 24.00 Uhr

👉 The Spotted Pig

Ken Friedman machte aus der Not eine Tugend. Nachdem er sich jahrelang darüber geärgert hatte, dass es in seinen so geliebten Pubs nur mittelmäßiges Essen gab, machte er einfach seinen eigenen auf. Trotz aller Lobpreisungen geht es im Spotted Pig bis heute ziemlich unaufgeregt zu. Viel Aufhebens wird hier einzig um die Gerichte gemacht. Zum Beispiel um den legendären Roquefort-Burger mit den hauchdünnen „Schnürsenkel"-Pommes mit Rosmarin, der einen regelrecht sprachlos macht.

Adresse: 314 West 11th Street/Greenwich Street, West Village
Tel: 001 212 6200393
Internet. www.thespottedpig.com
Öffnungszeiten täglich: Brunch 11.00 – 15.00 Uhr (nur am Wochenende),
Lunch 12.00 – 15.00 Uhr, Bar Menu 15.00 – 17.00 Uhr, Dinner 17.30 – 2.00 Uhr

☞ Nourish Kitchen + Table

Nourish Kitchen + Table ist einer dieser Orte, zu dem man am liebsten jeden Tag gehen würde, egal ob zum Frühstück, Lunch oder für einen Take-Away-Snack. Hier ist alles nicht nur frisch, gesund und lokal, sondern auch einfach unglaublich köstlich. Hinter dem Konzept steckt Marissa Lippert, ein Super-Foodie der ersten Stunde. Mit viel Leidenschaft für ihr Tun verwöhnt sie die Nachbarschaft von Greenwich mit gesunden Leckereien wie Quinoariegeln, Green Juices, Lavender Coconut Coffee und köstlichem Nussbrot mit Avocado. Ein Liebling der Stammgäste und Must-Try ist übrigens der selbst gebackene Kuchen ihrer Großmutter!

Adresse: 95 Greenwich Ave, West Village
Telefon: 001 212 2426115, Internet: www.nourishkitchentable.com
Öffnungszeiten: Montag – Freitag 7.30 – 22.00 Uhr,
Samstag – Sonntag 8.00 – 18.00 Uhr

RUSS & DAUGHTERS

Die Stammkunden kommen aus allen Teilen New Yorks, um in dem jüdischen Feinkostgeschäft an der Lower East Side schimmernden Kaviar, geräucherten Stör, Hering, Lachs, Pickles oder kandierte Früchte und Nüsse zu kaufen. Darunter bekannte Küchenchefs wie der Sternekoch Daniel Humm vom Eleven Madison Park, Locals, Hipster und Businessleute. Bereits in der vierten Generation wird Russ & Daughters von Niki Russ Federman und ihrem Cousin Joshua Russ Tupper geführt, und bei jedem New-York-Besuch sollte man mindestens einmal bei ihnen vorbeischauen und ihre berühmten Bagels genießen. Seit 1914 werden sie in guter alter Tradition täglich frisch gebacken, mit dicker glänzender Kruste und weichem Innenleben. Und auch die Größe stimmt. Statt modern aufgeblasen sind sie handgroß und formschön. Die Qual der Wahl hat man dabei nicht nur bei dem Bagel selbst, sondern auch mit den köstlichen Cream-Cheese-Variationen. Neben klassischem Frischkäse gibt es ihn mit Kaviar, Meerrettich, Lachs und auch Tofu. Bei Russ & Daughters kennt man sich, die Stimmung ist familiär und der Service herzlich, und eigentlich möchte man den Laden gar nicht mehr verlassen. Doch alles gibt es nur to go, und schön ist es, sich mit seinem Bagel auf eine der Bänke an dem Spielplatz gegenüber zu setzen und ihn in Gesellschaft von Locals zu genießen.

7 Russ & Daughters   Adresse: 179 East Houston Street, East Village
Tel: 001 212 4754880   Internet: www.russanddaughters.com
Öffnungszeiten: Montag – Freitag 8.00 – 20 Uhr, Samstag 8.00 – 19.00 Uhr,
Sonntag 8.00 – 17.30 Uhr

BAGELS   90¢
BIALYS   90¢
MINI BAGEL   90¢

GRINDSTONE RYE $5⁹⁹
BALTIC RYE $5⁷⁵
CHALLAH $5⁹⁵
CHALLAH BUN

599

Ein Gespräch mit Niki Russ Federman

Inhaberin Russ & Daughters

Ihr Weg führte nicht direkt in den Familienbetrieb ...

Nein, ganz und gar nicht. Ich bin erst einmal in die Welt hinausgezogen und habe in der Kunstbranche gearbeitet. Dann habe ich allerdings herausgefunden, dass mich nichts glücklicher macht, als Lachs an unsere Stammkunden zu verkaufen. Erst recht, wenn sie zu denen gehören, deren Großeltern schon zu uns kamen.

Für Sie spielen Traditionen also eine große Rolle.

Was Russ & Daughters angeht, würde ich sagen, dass das Einfache zählt und die Qualität. Das war bei uns schon immer so. Natürlich versuchen wir auch, nicht stehen zu bleiben, fragen uns aber bei jeder neuen Produktentwicklung schon sehr genau, ob sie im Sinne unseres Großvaters wäre und es ihm auch geschmeckt hätte.

Haben Sie ihn als Kind regelmäßig in seinem Feinkostgeschäft besucht?

Ja. Ich habe das geliebt, auch weil ich dort als Kind immer Süßigkeiten stibitzt habe.

Neben Ihren legendären Bagels bieten Sie auch Bialys an.

Genau. Die Bialys sind eine leichtere Variante des Bagels. Während ein Bagel ja kurz in Wasser gesiedet wird, bevor er in den Backofen kommt und ihm das seine Schwere verleiht, wird der Bialy lediglich gebacken. Ich liebe Bialys. Sie gehören genauso fest zur jüdischen Kultur wie der Bagel, nur haben sie nie dessen Berühmtheit erlangt.

WILD ALASKAN
WASABI-INFUSED
FLYING FISH ROE
FRENCH
TROUT ROE

SPANISH OLIVES
GREEK OLIVES
CAVIAR

SMOKED EEL
KAPCHUNKAS
RUSS & DAUGHTERS

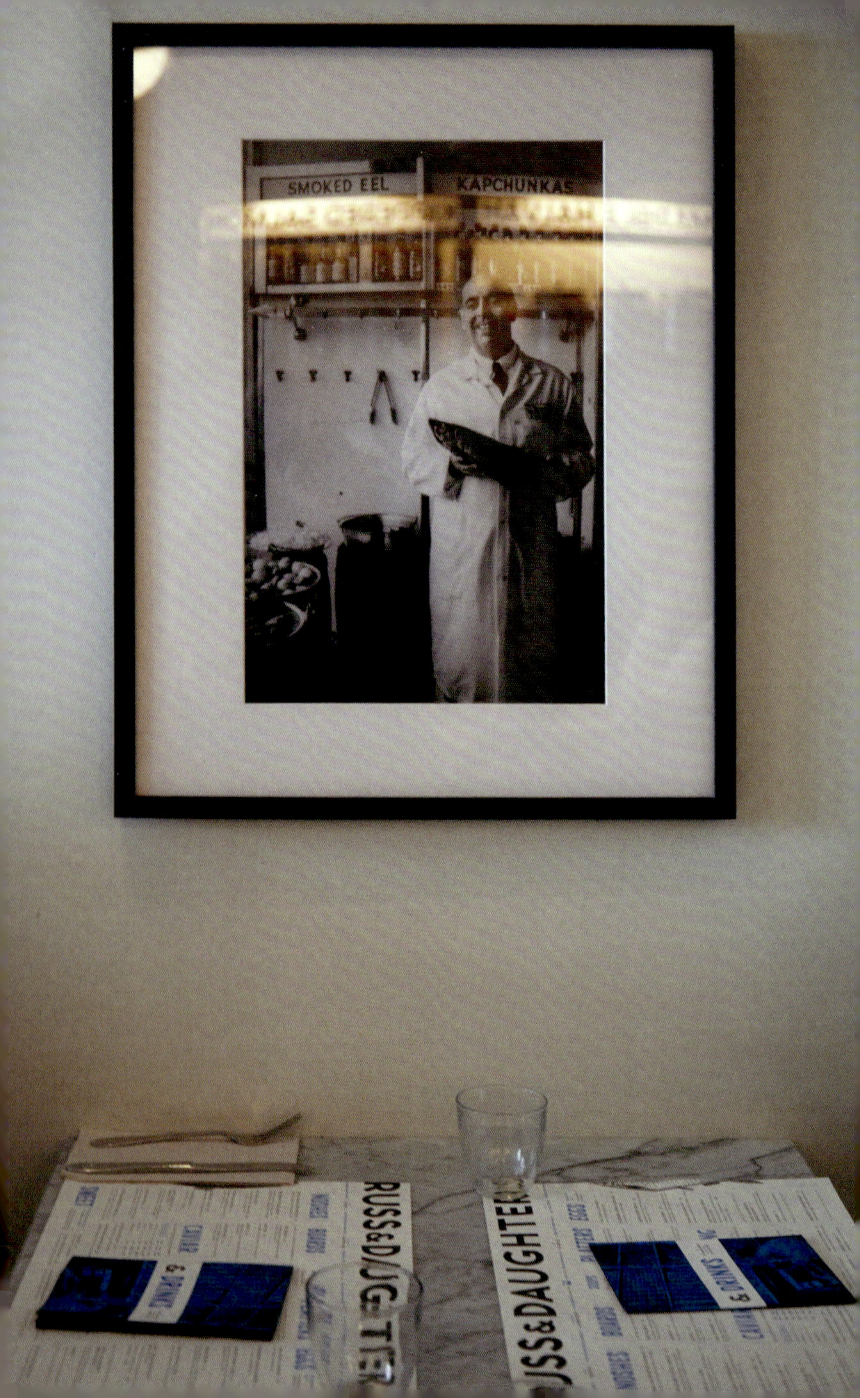

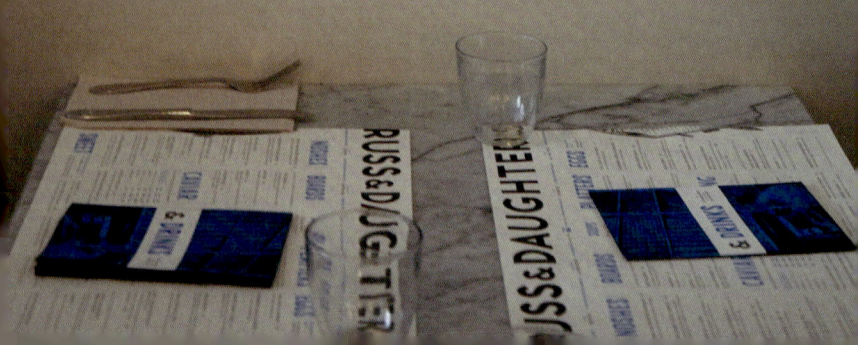

☞ Russ & Daughters Cafe

Das Russ & Daugthers ist durch und durch eine Institution. Schon seit vier Generationen ist dieser Name ein Synonym für Qualität und Gourmet-Kost. Mit dem Café bringen Nikki Russ Federman und ihr Cousin Joshua Russ Tupper frischen Wind in die Familie. In typischen amerikanischen Deli-Sitznischen lässt es sich hier perfekt für einen Lunch oder ein unkompliziertes Dinner einkehren. Ihren Spezialitäten sind die beiden aber treu geblieben, serviert werden geräucherte Fischkreationen sowie koschere Speisen, wie Lachs, Knishes und Matzeknödelsuppe.

Adresse: 127 Orchard Street, Lower East Side
Telefon: 001 212 4754880
Internet: www.russanddaughterscafe.com
Öffnungszeiten: Montag – Freitag 9.00 – 22.00 Uhr,
Samstag – Sonntag 8.00 – 22.00 Uhr

☞ The Juice Press

Die Karte mit verheißungsvollen Namen wie „green giant", „drink your salad"
oder „heaven on earth" liest sich für Liebhaber frisch gepresster Säfte und
Smoothies wie eine Offenbarung. Darin enthalten: ein köstlicher Mix aus Früch-
te- und Gemüsesorten sowie Nussmilch, Gewürze und jede Menge Superfoods.
Neben den „cold pressed organic juices" und Smoothies bietet The Juice Press
aber auch biologische „raw-food"-Delikatessen wie „kale chips", „chia seed
pudding" oder „chocolate truffles" und „juice cleanses" an. Und nach einem
Hangover hilft der „face-melter"-Shot aus Zitrone, Ingwer und Cayennepfeffer.
Mittlerweile gibt es zwölf Filialen über Manhattan und Williamsburg verteilt, un-
ser Favorit ist die kleinste und erste im East Village.

Adresse: 70 East 1st Street, East Village
Tel: 001 212 7770034, Internet: www.juicepress.com
Öffnungszeiten: Täglich 8.00 – 22.00 Uhr

Marlow & Sons

MARLOW & SONS

In diesem Café-Restaurant und Grocery-Store kann man seinen ganzen Tag verbringen. Im Schatten der Williamsburg Bridge gelegen, lässt es sich von hier wunderbar relaxt nach Manhattan mit seinem hektischen Treiben hinüberschauen.

Starten kann man morgens mit Granola, einem Green Juice oder einem Biscuit mit Scrambled Eggs, zum Lunch gibt es Marktsalate und köstliche Sandwich-Kreationen mit Schinken und Rhabarberbutter, und am Abend werden Burger, verschiedene Austern und Tagesspezialitäten serviert. Alles ist „farm-to-table", und das Fleisch kommt aus der hauseigenen Metzgerei Marlow & Daughters, die nur wenige Häuser weiter liegt (95, Broadway) und ein weiterer stylisher Ort des kleinen Imperiums von Andrew Tarlow ist. Ganz so wie ein kleines europäisches Deli soll Marlow & Sons sein, ein Ort, an dem man nach der Arbeit zum Essen und für einen Drink stoppt, den Kerl hinter der Bar kennt und entspannt. Entweder gemütlich an den Holztischen oder draußen auf der kleinen Terrasse am Brooklyn Broadway.

Für zu Hause kann man dann auch noch etwas in dem dazugehörigen Shop einkaufen, sei es Pasta, eine Flasche Wein, die tolle handgemachte Mast Brothers Chocolate aus Williamsburg oder andere lokale Produkte.

8 Marlow & Sons Adresse: 81 Broadway, Williamsburg
Tel: 001 718 3841441 Internet: www.marlowandsons.com
Öffnungszeiten: Täglich 8.00 – 24.00 Uhr

Ein Gespräch mit Andrew Tarlow
Inhaber u. a. von Marlow & Sons

Sie sind einer der Brooklyn-Pioniere. Was hat Sie hierhergebracht?

Einst, und das ist fast 20 Jahre her, war es die billige Miete. Ich war Kunststudent und habe als Barkeeper im Odeon gearbeitet, da war Manhattan nicht drin. Später bin ich dann ein Jahr durch Afrika gereist und war von der Hilfsbereitschaft der Menschen dort so überwältigt, dass ich nach meiner Rückkehr der Community in Williamsburg etwas zurückgeben wollte.

Was mit dem Diner begann, hat sich mittlerweile zu einem kleinen Restaurant-Imperium inklusive einer Schlachterei und dem Reynard im Wythe Hotel entwickelt. Wie erklären Sie sich den Erfolg?

Ich finde, dass es für den Erfolg eines Restaurants vor allem wichtig ist, klein anzufangen. Statt sich erst mal allzu Großes vorzunehmen, sollte man vor allem die tägliche Routine ernst nehmen und bescheiden bleiben. Mehr braucht es schließlich nicht als Essen auf dem Tisch und Messer und Gabel.

Trotz des Erfolgs wirkt alles sehr bodenständig und familiär.

Das ist mir auch sehr wichtig. Ich arbeite immer noch in den Restaurants, bin in engem Kontakt mit den Mitarbeitern und achte sehr darauf, dass es jedem gut geht. Ähnlich ist es mit den Farmern, die ich alle schon seit Jahren kenne und die wie ein Teil der Familie für mich sind.

Brooklyn hat sich in den letzten Jahren völlig verändert. Leben Sie noch gerne hier?

Sehr gerne, schon allein weil ich hier mit dem Fahrrad zur Arbeit radeln kann.

☞ Vinegar Hill House

Man mag es kaum glauben, aber New York hat auch verträumte, entschleunigte und gemütliche Ecken wie das Vinegar Hill House in Brooklyn. Sonntags sitzen hier die Hipster wie aus dem Bilderbuch zusammen und genießen den familiären Geist der 70er-Jahre. Jean und Sam haben eine kleine Ruhe-Oase geschaffen, einen Ort, an dem das Geheimnis im Unperfekten liegt. Das Interieur ist eine bunte Vintage-Mischung von Flohmarkt-Funden und Werken befreundeter Künstler und serviert wird eine herzhafte Hausmannskost wie sautierte Forelle mit Haselnüssen und Babykarotten oder selbstgemachte Garganelli mit Endiviensalat und eingelegter Zitrone.

Adresse: 72 Hudson Ave, Brooklyn
Telefon: 001 718 5221018, Internet: www.vinegarhillhouse.com
Öffnungszeiten: Täglich 18.00 – 23.00 Uhr, Weekend Brunch 10.30 – 15.30 Uhr

FIVE LEAVES

Seitdem die Freunde Kathy Mecham, Jud Mongell und Ken Addington 2008 der Greenpoint-Nachbarschaft im Brooklyner Norden das Five Leaves geschenkt haben, geht es hier den ganzen Tag über geschäftig zu. Und die schöne Terrasse, die einmal um das charmante Eckhaus geht, ist sogar an kalten Wintertagen ein beliebter Hotspot. Am Wochenende zur Brunchzeit geht die Schlange einmal um den Block, und in freudiger Erwartung der fluffigen „Ricotta pancakes" mit Ahornsirup, des „Chopped black kale", Grünkohlsalat mit Haselnüssen, Gouda und Anchovisdressing, oder des legendären „Moroccan style eggs" reiht man sich hier gerne ein. Entstanden ist die Idee zu dem Café, als Jud und Heath Ledger sich bei einer Strandparty in Australien trafen und beschlossen, einen kleinen Kaffeeladen in der damals noch polnischen Community in Brooklyn zu eröffnen. Heraus kam schließlich dieses Bistro, dessen Erfolg der Schauspieler, der gegenüber wohnte und 2008 verstarb, leider nicht mehr miterlebte. Heute trifft sich im Five Leaves die kreative Community des Viertels, zu der Stammgäste wie Björk, Penn Badgley und Zoë Kravitz gehören.

Direkt gegenüber liegt das Nights & Weekends, ein von Karibikflair inspirierter Ableger, den Kathy und Jud mit der gleichen Detailverliebtheit eingerichtet haben und der am Abend eine beliebte Adresse für Avocado-Toast, Fisch-Tacos und Frozen Margaritas ist.

9 Five Leaves   Adresse: 18 Bedford Avenue, Greenpoint
Tel: 001 718 3835345   Internet: www.fiveleavesny.com
Öffnungszeiten: Täglich 8.00 – 1.00 Uhr

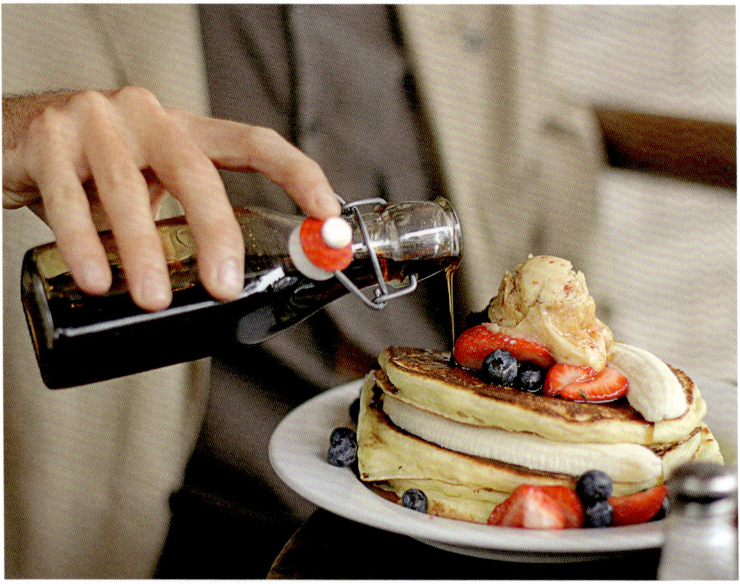

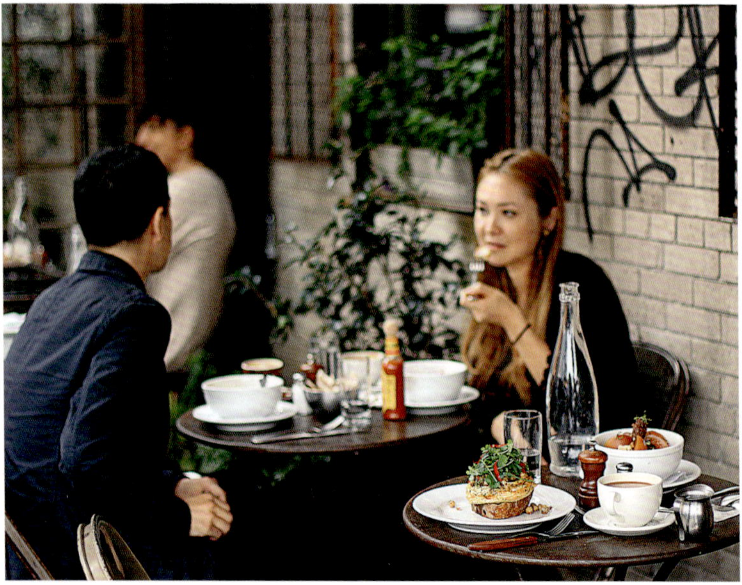

☞ Egg

Hier bekommt man genau das, was zu einem richtigen amerikanischen Frühstück gehört, das sogar bis 18 Uhr: luftige Pancakes und French Toast, perfekt zubereitete Eiergerichte (die „eggs Rothko" unbedingt probieren!), die berühmten „homemade buttermilk biscuits" oder das „egg granola", das man Gott sei Dank auch gleich für zu Hause kaufen kann. Genauso auf den Punkt ist aber auch das Lunchmenü mit Hamburger, „fried chicken", „kale salad" oder „grilled cheese sandwich" und Produkten, die von der eigenen „Pig&Egg Farm" in Oak Hill kommen. Am Wochenende ist das Egg ein beliebter Brunchklassiker in Williamsburg, deshalb unbedingt früh kommen, wer nicht Schlange stehen will.

Adresse: 109 North 3rd Street (between Berry & Wythe), Brooklyn
Tel: 001 718 3025151, Internet: www.eggrestaurant.com
Öffnungszeiten: Montag – Freitag 7.00 – 17.00 Uhr,
Samstag und Sonntag 8.00 – 17.00 Uhr

MAISON PREMIERE

Hinter unscheinbarer Fassade und einer kleinen Tür liegt dieses Kleinod, durch das romantisches New-Orleans-Flair weht. Am schönsten ist es, sich an die elegante Marmorbar zu setzen, an der Absinth ganz stilecht mit Eiswasser aus Fontänen gemischt wird. Berühmt sind die Barkeeper für ihre guten Cocktails und dafür, einem charmant jeden Wunsch von den Augen abzulesen.

Hat man erst mal einen Aperitif genommen, kann man sich in Ruhe die Liste mit der größten Austernauswahl des Landes anschauen und ankreuzen, welche man genießen möchte – zur Happy Hour in der Woche zwischen 16.00 und 19.00 Uhr sogar für nur einen Dollar das Stück. Das ist den Besitzern Joshua Boissy und Krystof Zizka zu verdanken, die glühende Austernliebhaber sind. Aber auch für Seafood-Köstlichkeiten wie Jakobsmuscheln mit eingelegtem Rhabarber und Meerrettich, kalifornischen Seeigeln mit Rettich und Ingwer oder „New England style lobster roll" schlägt ihr Herz. Diese werden an kleinen Tischen und im idyllischen Garten serviert, wo das hippe Williamsburg sitzt und dazu biodynamischen Wein oder Cocktails wie „Maison Summer Pimm's Cup" trinkt.

Trotz der meist voll besetzten Tische ist die Atmosphäre im Maison Premiere lauschig und intim, und auch deshalb ist die Bar ein höchst beliebter Ort für das erste Date.

10 Maison Premiere Adresse: 298 Bedford Avenue, Williamsburg
Tel: 001 347 3350446 Internet: www.maisonpremiere.com
Öffnungszeiten: Montag – Mittwoch 16.00 – 2.00 Uhr, Donnerstag – Freitag 16.00 –4.00 Uhr, Samstag 11.00 – 4.00 Uhr, Sonntag 11.00 – 2.00 Uhr, Brunch 11.00 – 16.00 Uhr

☞ Lieblingsbars an der East Side:

Death & Co

Death & Co ist die Bar der Schulfreunde Dave und Ravi und für seine feinen Cocktails weit über die Grenzen der Lower East Side bekannt. Fünf Bartender mixen insgesamt 53 Kreationen, die man im gemütlichen Halbdunkel entweder am Bartresen oder in kleinen Nischen, die an Zugabteile erinnern, genießen kann. Genauso exquisit wie die Cocktails sind auch die Weinauswahl und die Barsnacks, die von „crispy oysters" über „lobster brioche rolls" bis „filet Mignon" reichen. Wer spät kommt, muss eine Wartezeit von 20 bis 30 Minuten einplanen.

Adresse: 433 East 6th Street, Lower East Side
Tel: 001 212 3880882, Internet: www.deathandcompany.com
Öffnungszeiten: Sonntag – Donnerstag 18.00 – 3.00 Uhr, Freitag und Samstag 18.00 – 3.00 Uhr

Please Don't tell

Gleich um die Ecke von Death & Co versteckt sich der Cocktailbar-Geheimtipp Please Don't tell. Dazu betritt man den Hotdog-Imbiss Crif Dog, steuert links die schmale hölzerne Telefonkabine an und nimmt routiniert den Hörer ab. Wenn am anderen Ende der Leitung eine Stimme ertönt, gibt man den vorher telefonisch bestellten Reservierungscode durch – und schwupps öffnet sich hinter der Wand eine Bar mit niedriger Decke, gedimmtem Licht, coolem Publikum und exzellenten Cocktails von Bartender Jim Meehan. Aber nicht weitersagen ...

Adresse: 113 St Marks Place, Lower East Side
Tel: 001 212 6140386, Internet: www.pdtnyc.com
Öffnungszeiten: Täglich ab 18.00 Uhr

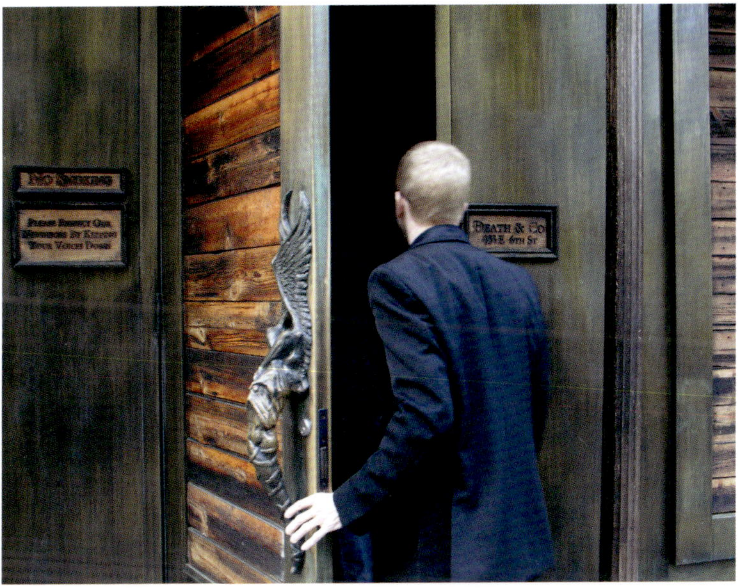
Death & Co

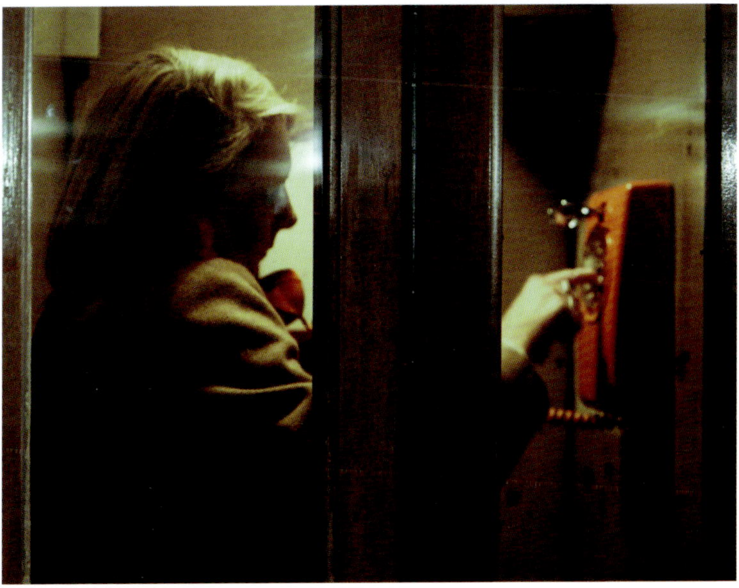

☞ Rose Bar & Jade Bar im Gramercy Park Hotel

Zu den angesagtesten Treffpunkten des New Yorker Nachtlebens gehören auch die beiden Bars im Gramercy Park Hotel, in die man von der Lobby durch tiefrote Samtvorhänge gelangt. In jadegrünem und rosa Samt gehalten, kommt hier Ian Schragers Sinn für Interieur-Mixturen perfekt zur Geltung. Opulent, exzentrisch und mit viel großformatiger Kunst von Andy Warhol, Damien Hirst und Julian Schnabel wirken sie auf gekonnte Weise kuratiert. Das fängt bei den stilvoll-gemütlichen Sofas und Teppichen an und reicht bis zur Cocktailkarte und den Bar Snacks aus dem Gramercy Park-Restaurant Maialino.

Adresse: 2 Lexington Avenue, Gramercy
Tel: 001 212 920 3300
Internet: www.gramercyparkhotel.com/nightlife
Öffnungszeiten Rose: Montag – Samstag 17.00 – 4.00 Uhr
Öffnungszeiten Jade: Täglich 12.00 – 4.00 Uhr

JAM

SMORGASBURG FARMERS MARKET

Direkt am East River zwischen der North 6th und der North 7th Street in Williamsburg ist das Paradebeispiel der urbanen Street-Food-Kultur zu finden – der Smorgasburg Farmers Market. Definitiv einer der schönsten Wochenendmärkte der
Stadt. Und das Beste ist, hier tummeln sich fast nur die New Yorker Locals herum,
man taucht quasi in die heimische Szene ein, und das direkt an der East River Waterfront mit traumhaftem Blick auf die Skyline von Manhattan.

Doch abgesehen von der Location liegt das Hauptaugenmerk natürlich auf der
Kulinarik. Abgeleitet vom schwedischen Wort „Smörgåsbord" steht Smorgasburg
für eine Mischung aus verschiedenen Essen – hier vereinen sich die unterschied-
lichsten Länder, Geschmäcker und Traditionen. Farmer aus Mexiko, Äthiopien, Ko-
lumbien, England, Schweden, Griechenland oder Asien bieten ihre kulinarischen
Köstlichkeiten an. Zu unseren Lieblingen zählt das grilled cheese sandwich vom
Milk Truck, die frischen Austern von der Brooklyn Oyster Party, die japanischen Ta-
cos, der frisch gebackene Red Velvet Cake und natürlich der Blue Bottle Coffee, bei
dem die lange Schlange nicht abschrecken sollte. An kulinarischen Köstlichkeiten mangelt es also keinesfalls. Es empfiehlt sich jedoch, früh aus den Federn zu
kommen, denn auch hier gilt „first come, first serve". Vor allem vormittags, bevor
der Mittagstrubel beginnt, ist das Schlendern von Stand zu Stand ein besonderer
Genuss.

11 Smorgasburg Market Adresse: East River State Park, 90 Kent Avenue
Williamsburg Internet: www.smorgasburg.com
Öffnungszeiten: Samstag 11.00 – 18.00 Uhr

SMART TRAVELLING

New York ist groß, darum ist dieser Infoteil so klein. Hier erfahren Sie nicht alles und jedes, sondern genau das, was Sie für ein perfektes Wochenende brauchen. Wenige, aber genau die richtigen Informationen: Wissenswertes über die New Yorker Lebensart, eine kleine subjektive Auswahl an Sehenswürdigkeiten, Spaziergängen und Tipps für Unternehmungen am Sonntag. Dazu einen Stadtplan mit all unseren Lieblingsadressen, damit Sie nicht lange suchen müssen, sondern gleich anfangen können, New York zu genießen.

MUSEEN

Viele der großen und berühmten Museen New Yorks liegen in der Upper East Side, auf der Museum Mile, die sich auf der Fifth Avenue von der 70th bis zur 93th Street erstreckt. Das Spektrum reicht dabei von einer so ungewöhnlichen Sammlung wie der Frick Collection über das Guggenheim bis zum Metropolitan Museum of Art, das die amerikanische Antwort auf den Louvre ist und genauso eindrucksvoll. Zwei andere Museen, die man nicht verpassen sollte, liegen abseits dieses Pfades: das spektakuläre New Museum in SoHo und das aufregende MoMA PS1 in Queens.

Frick Collection

Die Frick Collection gehört nicht nur zu den berühmtesten Privatsammlungen der Welt, sie ist auch eine wahre Oase mitten in der Stadt. In dem klassizistischen Stadtpalais samt Innenhöfen und Gärten, in dem Henry Clay Frick seinen Lebensabend verbrachte, richtete er sich seine eigene Kunstgalerie ein. In prunkvoller, häuslich intimer Atmosphäre und wunderbar abgeschirmt von der Hektik der Stadt, kann man Meisterwerke von der Renaissance bis zum späten 19. Jahrhundert bestaunen. Zu den Glanzstücken gehören Rembrandts „Der polnische Reiter" und Vermeers „Soldat und das lächelnde Mädchen".

1 East 70th Street, Midtown
Tel: 001 212 2880700
www.frick.org
Dienstag – Samstag 10.00 – 18.00 Uhr
Sonntag 11.00 – 17.00 Uhr

Solomon R. Guggenheim Museum

Das von Frank Lloyd Wright entworfene Museumsgebäude in Form einer Spirale ist mindestens genauso berühmt wie die Kunstsammlung selbst. Sie konzentriert sich vor allem auf die Moderne, enthält aber auch Werke des Impressionismus, Expressionismus und Surrealismus. Darüber hinaus finden wechselnde Ausstellungen statt. Achten Sie darauf, an welchem Tag der Eintritt frei ist und flanieren Sie entspannt den spiralförmigen Aufgang hinauf.

1071 5th Avenue (89th Street)
Upper East Side
Tel: 001 212 4233500
www.guggenheim.org
Sonntag – Mittwoch, Freitag 10.00 – 17.45 Uhr, Samstag 10.00 – 19.45 Uhr
Donnerstag geschlossen

Metropolitan Museum of Art

„Met" nennen die New Yorker ihre Wunderkammer kurz, die Schätze aus allen Epochen und Gattungen zeigt. Dazu gehören Malerei, Skulptur, Zeichnung, Design, Fotografie und Architektur von der Steinzeit bis hin zur Gegenwart, vom antiken Ägypten über das Italien der Renaissance bis zum Amerika des 21. Jahrhunderts. Mehr als zwei Millionen Kunstgegenstände und rund 30 Sonderausstellungen jährlich machen das Met, das 1870 gegründet wurde, nicht nur zum Lieblingsort der High Society, sondern auch zu einem Megastar der Museen weltweit. Zu den bekanntesten Werken der Sammlung zählen van Goghs „Weizenfeld mit Zypressen" und der im Original aufgebaute Tempel von Dendur. Ein besonderer Tipp: Fahren Sie auf die Dachterrasse mit ihren Skulpturen, denn von dort aus hat man einen herrlichen Blick auf den Central Park und die Umgebung.

1000 5th Avenue (82nd Street)
Upper East Side
Tel: 001 212 5357710
www.metmuseum.org
Sonntag – Donnerstag 10.00 –
17.30 Uhr, Freitag, Samstag 10.00 –
21.00 Uhr

Museum of Modern Art – MoMA
1929 gegrundet, stellte das MoMA als erstes Museum der Welt vor allem moderne Kunst aus. Heute umfasst die Sammlung über 150 000 Gemälde, Drucke, Fotografien, Skulpturen und Design-Objekte, und immer wieder finden Sonderausstellungen statt, die den jeweiligen Künstler in einen Weltstar verwandeln. Renoirs, van Goghs, Picassos und Pollocks gehören dem Haus. Doch man bleibt nicht stehen. Seit 2012 werden auch Computerspiele gesammelt und ausgestellt. Am Abend wird das MoMA zu einem viel besuchten Kulturforum mit Kinovorstellungen und Konzerten.

MoMA

11 West 53rd Street (5th und 6th Avenue), Midtown
Tel: 001 212 7089400
www.moma.org
Samstag – Donnerstag 10.30 –
17.30 Uhr, Freitag 10.30 – 20.00 Uhr

Cooper-Hewitt,
National Design Museum
In dem georgianischen Anwesen des Großindustriellen Andrew Carnegie (1835–1919) wird eine der größten

Design-Kollektionen der Welt ausgestellt. Holz-, Metall- und Keramikarbeiten, Skulpturen, Kostüme, Kunsthandwerk und Möbel, Streichhölzer und Porzellan aus der Sowjetunion, aber auch das Werk des Grafikers Tibor Kalman (1949–1999), Kreativdirektor der Zeitschrift „Colors". Neben mehr als 250000 Objekten gibt es eine umfangreiche Design-Bibliothek, Förderprogramme und eine Hochschule.

2 East 91st Street (5th Avenue)
Upper East Side
Tel: 001 212 8498400
www.cooperhewitt.org
Montag – Freitag 10.00 – 18.00 Uhr
Samstag 10.00 – 21.00 Uhr
Sonntag 10.00 – 18.00 Uhr

New Museum of Contemporary Art
Wie silbrig glänzende Schuhkartons stapeln sich die sechs Etagen des New Museum unordentlich übereinander. Eine spektakuläre Architektur des berühmten japanischen SANAA-Büros, die allein schon den Besuch lohnt – den Sky Room mit Panoramablick inklusive. Genauso aufregend ist aber auch die Kunst, die in den strahlend weißen Räumen zu sehen ist. Junge, noch unbekannte Künstler und

„Stars" wie Elizabeth Peyton machen den interessanten und kompromisslos zeitgenössischen Mix aus. Dazu gibt es Vorträge, Filmvorführungen, Diskussionen und andere Events. Das kleine New Food Café, das auch unabhängig vom Museum besucht werden kann, ist ebenfalls von SANAA designt. Es bietet Snacks in Recyclingbeuteln an, die anschließend als stylishe Tragetaschen weiterbenutzt werden können.

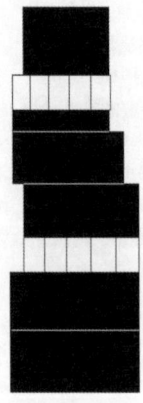

235 Bowery, SoHo
Tel: 001 212 2191222
www.newmuseum.org
Dienstag, Mittwoch, Freitag – Sonntag 11.00 – 18.00 Uhr
Donnerstag 11.00 – 21.00 Uhr
Montag geschlossen
Achtung: Der Sky Room ist nur am Wochenende geöffnet.

MoMA PS1

Der Weg nach Long Island City ist nicht allzu weit, Sie können ihn mit der Subway oder dem Wassertaxi antreten – und er lohnt sich! In einem Schulkomplex untergebracht ist das PS1, das seit 2000 dem Museum of Modern Art angegliedert ist, aber für junge zeitgenössische Positionen steht, für Experimente, gepaart mit Arbeiten von Stars wie Emily Brown und berühmten Installationen. Dazu gehört James Turrells großartiger Raum „Meeting", in dem man sich an den Wänden entlang auf Bänken niederlassen und fasziniert darüber rätseln kann, ob der Himmel, den man in dem rechteckigen Deckenausschnitt sieht, real oder eine optische Täuschung ist. Neben der Kunst kann man den Blick aber auch in die Ferne schweifen lassen – auf die Skyline Manhattans oder nach einem Museumsbesuch durch die lauschige Neighborhood runter zum Wasser gehen. Oder – im Sommer – einfach bleiben. Dann findet samstags am East River das „Warm Up"-Musikfestival statt, und Künstler und Kunstinteressierte feiern dort.

22–25 Jackson Avenue, Ecke 46th Avenue, Long Island City
Tel: 001 718 7842084

www.momaps1.org
Donnerstag – Montag 12.00 – 18.00 Uhr, Dienstag/Mittwoch geschlossen

Whitney Museum of American Art

Schon von außen beeindruckt das Museum für amerikanische Kunst des 20. und 21. Jahrhunderts mit seiner treppenförmigen Fassade von Marcel Breuer. Gegründet wurde es 1931 von Gertrude Vanderbilt Whitney, die ihre Kunstsammlung mit über 700 Werken zur Verfügung stellte. Heute sind es 18 000 von fast 3 000 Künstlern. Berühmt ist das Museum auch für seine Whitney-Biennale, die alle zwei Jahre zeigt, was in der amerikanischen Kunst gerade wichtig ist und Trends bestimmt. Zum Besitz gehört alles, was Rang und Namen hat: Louise Bourgeois, Alexander Calder, Barnett Newman, Mark Rothko oder Keith Haring.

99 Gansevoort Street
Tel: 001 212 5703600
whitney.org
Mittwoch, Donnerstag, Sonntag, Montag 10.30 – 18.00 Uhr
Freitag, Samstag 10.30 – 22.00 Uhr
Dienstag geschlossen

Trotz des Hypes um Brooklyn, Bushwick und Williamsburg, wo es mittlerweile zahlreiche Kunstorte gibt, und auch wenn junge Galerien die Lower East Side besiedeln und andere zurück in den einstigen Kunst-Hotspot Soho ziehen, ist Chelsea noch immer das It-Viertel für Kunst in New York.

Mehr als 200 Galerien liegen zwischen der 10th und 11th Avenue sowie der 21st und 29th Street, über das aktuelle Programm kann man sich unter www.chelseaartgalleries.com informieren. Hier ein Best-of:

Barbara Gladstone Gallery

Barbara Gladstone ist die Grande Dame der New Yorker Galerien-Szene, gefürchtet für ihre messerscharfen Urteile, verehrt für ihr Gespür für Talente und ihren Anspruch. An gleich zwei Orten ist sie in Chelsea präsent, der Hauptsitz aber ist auf der West 24th Street und einer der größten und beeindruckendsten Galerieräume der Stadt. Gladstone produzierte Matthew Barneys berühmte Filmreihe „The Cremaster Cycle" und den Film „Drawing Restraint 9", den Barney gemeinsam mit

seiner Lebensgefährtin Björk drehte; und sie vertritt Künstler wie Sharon Lockhart, Shirin Neshat, Ugo Rondinone oder den gefeierten Georgier Andro Wekua.

515 West 24th Street/
530 West 21st Street, Chelsea
Tel: 001 212 2069300
www.gladstonegallery.com
Dienstag – Samstag 10.00 – 18.00 Uhr

GAGOSIAN GALLERY

Larry Gagosian

Das Galerie-Imperium von Larry Gagosian hat sich mittlerweile auf der ganzen Welt ausgebreitet. Am meisten aber lohnt sich bis heute ein Besuch seiner Chelsea-Dependance. Zwar findet man in seinem Programm nicht gerade die Vorhut der Avantgarde, aber neben arrivierten Künstlern wie Anselm Kiefer, Richard Serra, Cy Twombly, Damien Hirst oder Mark Tansey kann man immer wieder neue Talente entdecken. Und wer von denen einmal bei Gagosian ausgestellt hat, der hat es eindeutig geschafft.

555 West 24th Street
(nahe 11th Avenue), Chelsea
Tel: 001 212 7411111
www.gagosian.com
Dienstag – Samstag 10.00 – 18.00 Uhr

David Zwirner

Der Sohn des Gründers der Art Cologne ist einer der wichtigsten Galeristen weltweit – und einer der nettesten, so sagen jedenfalls die von ihm vertretenen Künstler und auch Konkurrenten wie Larry Gagosian. Gleich drei Galerien betreibt er allein in Chelsea, zeigt die Nachlässe von Jason Rhoades, Donald Judd und Dan Flavin und vor allem auch progressive junge Kunst. Schon deshalb kommen immer viele Künstler zu seinen Eröffnungen, da auch sie dort immer Entdeckungen machen – wie die großartigen aufgeladenen Assemblagen der Schweizerin Carol Bove, die heute in Red Hook, Brooklyn, lebt.

525 und 533 West 19th Street und
537 West 20th Street, Chelsea
Tel: 001 212 7272070
www.davidzwirner.com
Dienstag – Samstag 10.00 – 18.00 Uhr

Murray Guy

Wandhohe Fotografien von Beat Streuli, die Menschen in New Yorks Straßen zeigen, „Utopische Holzbänke" von Francis Cape, die von den Wunschträumen von Kommunen erzählen: Murray Guys Galerie-Programm ist radikal, räumt Video-Arbeiten und konzeptioneller Kunst einen großen Raum ein – und zeigt Künstler, die auf dem internationalen Parkett aktiv sind. Dazu gehören Matthew Buckingham, Matthew Higgs, Kota Ezawa oder auch Ann Lislegaard.

Murray Guy

453 West 17th Street, Chelsea
Tel: 001 212 463 7372
murrayguy.com
Dienstag – Samstag 10.00 – 18.00 Uhr

Cheim & Read

Museumsgefühle bekommt man in der großen lichten Galerie von John Cheim und Howard Read. Dort leuchten Jenny Holzers Wort-Skulpturen an den Wänden, man sieht die berühmten Farbfotografien von William Eggleston oder die kunterbunten Malereien von Tal R. Seit mehr als

15 Jahren gehört die Galerie zu den interessantesten in Chelsea, richtet große monografische Ausstellungen aus, wichtige zu bestimmten Stilrichtungen und gibt anspruchsvolle Kataloge heraus.

547 West 25th Street, Chelsea
Tel: 001 212 2427727
Dienstag – Donnerstag 10.00 –
18.00 Uhr, Freitag 10.00 - 15.00 Uhr
www.cheimread.com

New York Earth Room

Den zweiten Stock eines Lofts in der Wooster Street hat Walter De Maria (1935–2013) mit dunkler, lehmiger Erde bedeckt, einen halben Meter hoch. Seit 1977, als der Land-Art-Pionier dort die großartige Skulptur installierte, hängt ihr erdig-sinnlicher Geruch schwer in der Luft. Raus aus der Stadt und mitten in die Natur hinein führt er, erzählt von ihrer Erhabenheit und nicht greifbaren Größe. 1980 machte die Dia Art Foundation sie der Öffentlichkeit zugänglich. Für viele ist der kleine Gang, an dessen Ende man auf die riesige erdbedeckte Fläche schaut, einer der großartigsten und bewegendsten Orte der Stadt. Der Eintritt ist frei.

141 Wooster Street, Chelsea
Tel: 001 212 9895566
www.earthroom.org
Mittwoch – Sonntag 12.00 – 15.00 Uhr
und 15.30 – 18.00 Uhr

Dia:Beacon, Riggio Galleries

2003 hat die Dia Art Foundation, eine Organisation, die seit den 1970er-Jahren Kunstprojekte auf der ganzen Welt, z. B. auch Joseph Beuys' „7000 Eichen"-Projekt, fördert, ihr eigenes Museum eröffnet. Upstate New York, am Ufer des Hudson River in Beacon und etwa 90 Kilometer von New York City entfernt, sind in dem ehemaligen Fabrikgebäude großartige Werke zu sehen. Installationen von Beuys gehören dazu, Skulpturen von Richard Serra und Louise Bourgeois und Walter De Maria. Das Museum ist einfach mit dem Zug zu erreichen. Stündlich verkehren Züge vom Grand Central Terminal.

3 Beekman Street, Beacon
Tel 001 845 4400100, www.diaart.org
Januar – März: Freitag – Montag
11.00 – 16.00 Uhr;
April – Oktober: Donnerstag –
Montag 11.00 – 18.00 Uhr;
November – Dezember: Donnerstag –
Montag 11.00 – 16.00 Uhr

Peter Freeman

Peter Freeman ist ein bunter Hund in der New Yorker Kunstszene. Seine 1990 eröffnete Galerie ist ein Mekka der zeitgenössischen Kunst. Wichtige Gemälde, Skulpturen und Zeichnungen aus dem 19. und 20. Jahrhundert sind hier zu finden, mit einem Fokus auf frühe Pop und Minimal Kunst. Zu den zeitgenössischen Künstlern zählen renommierte Namen wie Mel Bochner, David Adamo, Catherine Murphy, Thomas Schütte und Franz Erhard Walther. Mit diesem Künstler-Repertoire können wirklich nicht viele mithalten.

140 Grand Street, SoHo
Tel: 001 212 966 5154
www.peterfreemaninc.com
Dienstag – Samstag 10.00 – 18.00 Uhr

BESONDERE LÄDEN

THE FUTURE PERFECT

The Future Perfect

Auf höchstem Niveau hat David Alhadeff besondere Möbel, Accessoires und Stoffe zusammengetragen, darunter handverlesene Objekte von lokalen Designern wie Jason Miller oder Sarah Cihat, und diese teilweise wie in einer Kunstausstellung inszeniert. 2003 hat er in einem kleinen Store in Williamsburg angefangen und war damit Pionier auf der N6 Street, wo sich heute ein Laden an den anderen reiht. Seine Philosophie bei der Auswahl: Alles muss traditionell, nachhaltig und gleichzeitig auch innovativ sein. Ein besonderer Hingucker sind die „Liquid Lights"-Objekte von Tanya Clark, die eine ganze Wand säumen. Heute kann man die ausgewählten „Future Perfect"-Objekte in SoHo und San Francisco bewundern.

55 Great Jones Street, SoHo
Tel: 001 212 4732500
www.thefutureperfect.com
Montag – Freitag 10.00 – 19.00 Uhr
Samstag 12.00 – 19.00 Uhr

Love, Adorned

Lori Leven verkauft in ihrer Boutique, was sie selbst liebt: handgearbeiteten Schmuck, Dreamcatcher und handgeknüpfte Teppiche, ausgestellt in alten Obstkisten und auf antiken

Borden, in Schubladen und Körben. Alles Stücke, die eine Geschichte erzählen, die sie auf den Märkten in Albuquerque und Santa Fe und im Rest der Welt zusammenträgt und die von Kleinigkeiten bis hin zu Schmuck reichen, dessen Preis mitunter fünfstellig ist. Eine persönliche Auswahl, die so eigensinnig wie stilsicher ist, dass Moderedakteure, Hollywood-Stars und japanische Fashion-Victims sich hier die Klinke in die Hand geben. Und schon der Laden selbst ist einen Blick wert: mit den Kakteen, die kopfüber unter der Decke baumeln, der Gewächshausatmosphäre und den Mobiles, die an Ästen hängen.

269 Elisabeth Street, East Village
Tel: 001 212 4315683
www.loveadorned.com
Täglich 12.00 – 20.00 Uhr

Kiosk

Kiosk hat eine beeindruckende Auswahl von Design-Objekten und kleinen Helfern, Lustiges und Absurdes aus der ganzen Welt von der stylishen Vermont-Holzschale über nostalgische Luftpostumschläge bis hin zu japanischen Schulheften und knallbunten Babyrasseln, dazu wechselnde Ausstellungen und Themen wie Obama 2012 mit einem zur Wahl farbig abgestimmten Obama-Toothbrush-Set.

Kuratiert von der Besitzerin Alisa Grifo wie in einem Museum, macht es Spaß, in den etwas versteckt liegenden Räumen im zweiten Stock (ein blinkendes Neonschild in der Spring Street weist den Weg nach oben) von Regal zu Regal zu wandeln, und wer es nicht schafft, vorbeizuschauen, der kann auch alles online bestellen.

540 Laguardia Place NY 10012
Tel: 001 212 2268601
www.kioskkiosk.com
Montag – Sonntag 12.00 – 20.00 Uhr

Project No.8

In dem minimalistisch gehaltenen Shop im Ace Hotel bieten die Besitzer Elizabeth Beer und Brian Janusiak handverlesene Objekte, Accessoires, Kosmetik oder Magazine von angesagten Künstlern und Designern aus New York und der ganzen Welt, die sich auch perfekt als Mitbringsel eignen. In ihrem Store in der Orchard Street an der Lower East Side kommen vor allem modeinteressierte Männer voll auf ihre Kosten mit den neuesten Kollektionen von größtenteils europäischen Designern wie

Dries Van Noten, Martin Margiela, Walter Van Beirendonck und Stephan Schneider.

im Ace Hotel, 22 West 29th Street
Midtown
Tel: 001 212 7250008
www.projectno8.com
Montag – Freitag 9.00 – 21.00 Uhr
Samstag und Sonntag
10.00 – 20.00 Uhr

38 Orchard Street, Lower East Side
Tel: 001 212 9255599
Täglich 12.00 – 19.00 Uhr

die wunderschönen Kleider, die an den bronzenen Garderobehaken der Wiener Manufaktur Auböck baumeln – von Altuzarra über J.W. Anderson bis zu Proenza Schouler – bis zu den Möbelklassikern von Fritz Hansen. Man merkt schnell, es gibt wohl keine bessere Adresse, wenn es um Ästhetik, Qualität und Stil geht.

76 Greene Street, 3rd Floor, SoHo
www.theline.com
Tel: 001 917 4607196
Montag – Samstag 11.00 – 19.00 Uhr
Sonntag 12.00 – 17.00 Uhr

The Apartment By The Line

In einer der schönsten Straßen von Downtown Manhattan haben die beiden New Yorker Stylistinnen Vanessa Traina und Morgan Wendelborn eine Boutique der besonderen Art geschaffen. Wer die unscheinbare Tür der Nummer 76 gefunden hat und das lichtdurchflutete Loft betritt, kommt aus dem Staunen nicht mehr heraus. Im The Apartment, eingerichtet wie eine noble Privatwohnung, in die man am liebsten direkt einziehen möchte, wird alles zum Kauf angeboten, alles – vom Sofa über die Zahnpasta im Bad, die Beauty-Produkte von Rodin und Susanne Kaufmann,

Story NYC

Das Motto des Concept Stores Story in Manhattans Kultviertel Chelsea lautet: keine Langeweile. Alle sechs bis acht Wochen erzählt der kleine Laden eine andere Geschichte. Neue Produkte, neue Deko, eine neue Story eben. Wie in einer Galerie wechseln die Themen und verkauft wird wie in einem gewöhnlichen Laden. Da gibt es dann einmal eisgekühlte Margarita-Cocktails, Klimaanlagen, tropenerprobte Herrenshirts, schräge Sonnenbrillen und Ratgeber wie „Doing Cool Sh*t". Sechs Wochen später lautet das Motto „Style Tech" und in den Regalen sind 3-D-Drucker, Moleküldrinks und Hunde-Überwachungshalsbänder zu finden. Story ist wahrhaftig eine Entdeckungsreise und ein Konzept, das selbst in New York als innovativ gilt. Ein Must-Stopp für Künstler und Kommerzrevoluzzer.

144 10th Avenue at 19th Street
www.thisisstory.com
Tel: 001 212 242 4853
Täglich ab 11.00 Uhr, Montag – Mittwoch und Freitag – Samstag bis 20.00 Uhr, Donnerstag bis 21.00 Uhr, Sonntag bis 19.00 Uhr

CAP Beauty

CAP Beauty ist die Oase der Schönheit im West Village. Schon beim Betreten ziehen einen die natürlichen Düfte, das wunderschöne Interieur und die frischen Blumen in den Bann. Man könnte sagen, der liebevoll gestaltete Shop von Kerrilynn und Cindy ist eine Schatzkammer der Schönheitselixiere. In den meterhohen Regalen wartet ein Beauty-Schatz neben dem anderen, von Marken wie Anima Mundi, Binu Binu, Honey Girl, Herbalore, Shiva Rose oder Zoe Organics. Doch alle Pflegeprodukte haben eines gemeinsam – ihre natürlichen Inhaltsstoffe. Es wird wahrscheinlich jeder Frau schwerfallen, diesen Laden ohne Tüte wieder zu verlassen.

238 W 10th Street, West Village
www.capbeauty.com
Tel: 001 212 227 1088
Montag – Mittwoch 12.00 – 19.00 Uhr, Donnerstag 9.00 – 21.00 Uhr, Freitag und Samstag 10.00 – 19.00 Uhr, Sonntag 10.00 – 18.00 Uhr

---

DELI-FAVORITES

KATZ'S

Katz's Delicatessen

Eine New Yorker Institution unter den Delis, mit treuer Anhängerschaft, die ihren Heißhunger mit einem warmen Pastrami- oder Corned-Beef-Sandwich stillt. Die Atmosphäre hat sich wohl seit den 50er-Jahren nicht verändert, die Wände sind voll mit den Fotos prominenter Gäste. Wer gutes Fastfood im alten New Yorker Flair genießen will, der sollte bei Katz's Deli unbedingt vorbeischauen.

205 East Houston Street/
Ludlow Street, East Village
Tel: 001 212 2542246
www.katzsdelicatessen.com
Montag – Mittwoch 8.00 – 22.45 Uhr
Donnerstag 8.00 – 2.45 Uhr
Freitag 8.00 Uhr bis Sonntag
22.45 Uhr durchgehend

Barney Greengrass

Eine uralte New Yorker Tradition, die von Generation zu Generation weitergegeben wird, ist der Brunch, zelebriert in diesem Deli-Restaurant. Das Barney Greengrass scheint noch aus der Tante-Emma-Laden-Zeit zu stammen, als es einen lokalen Fleischer, Bäcker und Fischverkäufer gab. Eine besondere Spezialität hier, die man neben den ofenfrischen Bagels unbedingt probieren sollte, sind die in allen nur erdenklichen Arten zubereiteten geräucherten Fischgerichte.

541 Amsterdam Avenue
Uptown West
Tel: 001 212 7244707
www.barneygreengrass.com

Dienstag – Freitag 8.30 – 16.00 Uhr
Samstag und Sonntag 8.30 – 17.00 Uhr

Miss Lily's Bake Shop & Melvin's Juice Bar

Miss Lily's ist eine karibische Oase mitten in Greenwich Village mit sonnigen Farben, knallbunten jamaikanischen Vintage-Schildern an den Wänden und Reggae Musik aus der Vinyl Boutique, von der zehn Stunden am Tag Live-Radio ausgestrahlt wird. Hinter der Juice Box mixt Melvin frische Säfte und Smoothies, sein Bestseller ist der „Body Good", ein grüner Saft mit Kohl, Sellerie, Apfel, Zitrone und Ingwer. Möchte man seinen Hunger stillen, sollte man das beliebte „Jerk Chicken" Sandwich probieren. Nach Miss Lily kann man allerdings lange suchen, sie ist eine fiktive Hommage an eine alte jamaikanische Dame, die in ihrer Heimat für Anmut und Leben steht.

132 West Houston Street at Sullivan
Street, West Village
Tel: 001 212 8121482
www.misslilysnyc.com
Montag – Freitag 12.00 – 2.00 Uhr
Samstag 11.00 – 2.00 Uhr
Sonntag 11.00 – 24.00 Uhr

Milk Bar

Der „süße" Ableger von Momofuku ist Kult mit seinen außergewöhnlichen Kreationen wie dem „compost cookie", dem „crack pie" oder der „cereal milk". Der Kaffee kommt von den Stumptown Roasters und ergibt zusammen mit den süßen Köstlichkeiten einen perfekten To-go-Kick für zwischendurch. Neben der Milk Bar im East Village gibt es weitere Filialen in Midtown (15 West 56th Street) und Williamsburg (382 Metropolitan Avenue).

251 East 13th Street/2nd Avenue
East Village
Tel: 001 347 5779504
milkbarstore.com
Sonntag –Donnerstag 9.00 –
24.00 Uhr
Freitag - Samstag 9.00 – 1.30 Uhr

Smile to Go

Der To-go-Ableger von Matt Kliegmans The Smile ist ein perfekter Lunch- und Snack-Place in Downtown mit nur vier Tischen und einer prall gefüllten Vitrine an Köstlichkeiten, dass man gar nicht weiß, was man zuerst bestellen soll. Die Salatkreationen wie Fenchel mit Löwenzahn, Pflaumen und Ricotta oder Karotte, Avocado, Sesam und Mohn sind außergewöhnlich gut, und der „maple bacon chalah" mit Dattelmayo macht definitiv süchtig!

22 Howard Street, SoHo
Tel: 001 646 8633893
www.thesmilenyc.com
Montag – Freitag 8.00 – 18.00 Uhr
Samstag und Sonntag
10.00 – 18.00 Uhr

Van Leeuwen Icecream

Das geschmacksintensive Eis mit rein natürlichen Inhaltsstoffen, regionaler Milch und Bio-Eiern wird aus vanillefarbenen Trucks über die ganze Stadt verteilt serviert.
Neben Klassikern wie Bourbon-Vanille, Ingwer, Mint Chip, Coffee und Pistazie (Smart-Travelling-Tipp) gibt es auch saisonale Favorites wie Sweet Sticky Black Rice oder Salted Caramel mit Buffalo Trace Bourbon.

www.vanleeuwenicecream.com
Tel: 001 718 7011630
Greene & Prince Street, SoHo
Täglich 12.00 – 18.00 Uhr

Washington und Lt. West 12th
Highline
Samstag und Sonntag
11.00 – 18.00 Uhr

Bleecker und Charles Street
West Village
Samstag und Sonntag
12.00 – 18.00 Uhr

Bedford Avenue & N8th Street
Williamsburg
Täglich 12.00 Uhr bis spät

geht es lebendig zu, in dem großzügigen Raum mit Pizzaofen, großen Holztischen und einem idyllischen Garten. Wer es klassisch mag, bestellt die Margherita, spicy „Famous Original" mit Chili-Flakes oder creamy „Cheeses Christ" mit drei Käsesorten und schwarzem Pfeffer. Im Roberta's kann man aber auch mit einen Muffin und Stumptown Coffee seinen Tag starten oder auf ein Ham&Cheese-Sandwich vorbeikommen.

261 Moore Street, Bushwick
Tel: 001 718 4171118
www.robertaspizza.com
Montag – Freitag 11.00 – 24.00 Uhr
Samstag, Sonntag 10.00 – 24.00 Uhr

Roberta's

Mast Brothers

Roberta's
Die Fahrt ins etwas abgelegene Bushwick lohnt sich! Roberta's ist der berühmte Pizza-Hangout in dieser up-and-coming area in Brooklyn, wo auch schon mal der argentinische Starkoch Francis Mallmann von Graffiti Walls sein neues Kochbuch shootet. Hinter der grünen Stahltür

Ein kulinarisches Muss ist auch der Besuch der Schokoladenmanufaktur der Mast-Brüder in Williamsburg. Aus besten Kakaobohnen von organic farms aus Madagaskar, Venezuela und der Dominikanischen Republik entstehen hier in Handarbeit feinste Tafeln dunkler Schokolade, verfeinert mit Kaffeesplittern von den Stumptown Roasters oder gerösteten Mandeln mit Meersalz und handverpackt in schön gemustertem Papier. Wer es nicht nach Brooklyn schafft, kann die köstlichen Schokoladen auch in Manhattan in ausgesuchten Deli-Läden oder bei Wholefoods kaufen.

111 North 3rd Street, Williamsburg
Tel: 001 718 3882644
www.mastbrothers.com
Täglich 9.00 – 20.00 Uhr

Chalait

Wer Matcha liebt, sollte das Chalait unbedingt auf seine To Do Liste schreiben. Michelle und Ramon haben sich auf einer Reise nach Japan in den Geschmack von Matcha verliebt und kurzerhand das hübsche Nachbarschafts-Café im West Village eröffnet. Hier gibt es Matcha in allen Variationen, besonders gut ist der Matcha Latte mit Mandelmilch!

224 West 4th Street, West Village
www.chalait.com
Tel: 001 212 929 0266
Montag – Freitag 7.00 – 19.00 Uhr
Samstag – Sonntag 8.00 – 19.00 Uhr

Inday

Inday ist der Innbegriff eines gesunden Imbiss-Hot-Spots. Mit viel Karma und einem Händchen für den guten Geschmack werden hier glutenfreie, biologische und vegan-kompatible Gemüsebowls serviert. Dazu gibt es Kohlsprossen, Tofu, Lachs, Koriander und geröstetes Karfiol. Die gesunden Kreationen – indisch und kalifornisch inspiriert – basieren auf den Geheimrezepten von Basu's Mutter.

1133 Broadway, Midtown
www.indaynyc.com
Tel: 001 917 521 5012
Täglich 11.00 – 21.00 Uhr

FARMERS-MÄRKTE

Smorgasburg Market siehe S. 85

Farmers Market am Union Square
Jeden Montag, Mittwoch, Freitag und Samstag versammeln sich auf der Nord- und Westseite des Union Square Farmer aus New Yorks Umgebung mit frischem Obst und Gemüse der Saison, Käse, Fleisch und Fisch. Er

ist der Pionier unter den Green-markets in New York, 1976 haben hier bereits die ersten Bauern ihre Stände aufgebaut.

Einfach herrlich, sich zwischen den Düften und Farben treiben zu lassen – und das zwischen der 5th Avenue und dem Broadway in Midtown.

Union Square (East 17th Street und Broadway), Gramercy
Montag, Mittwoch, Freitag, Samstag
8.00 – 18.00 Uhr

Chelsea Market
In einer alten Keksfabrik kann man in einer Mischung aus Markt und historischer Ladenzeile auf hohem Niveau herrlich Deli-shoppen. New Yorks „Best-of" wie Ninth Street Espresso, Morimoto, Friedman's Delicatessen und Amy's Bread haben hier ihre Filialen – und der amerikanische Food-Channel sendet von hier aus seine Kochshows.

Ein guter Ort, um zum Frühstücken oder Lunchen vorbeizukommen und sich durch die vielen leckeren Dinge zu snacken.

75 9th Avenue (15th und 16th Street)
Chelsea
Tel: 001 212 6522121
www.chelseamarket.com
Montag – Samstag 7.00 – 21.00 Uhr
Sonntag 8.00 – 20.00 Uhr

FLOHMÄRKTE

Brooklyn Flea
Ein Grund mehr, nach Brooklyn zu fahren: Der Brooklyn Flea findet am Samstag in Fort Greene statt und am Sonntag in Williamsburg.

BROOKLYN FLEA

Das Angebot der etwa 170 Händler besteht hauptsächlich aus antiken Möbeln, Accessoires und Vintage-Kleidung. Damit ist der Brooklyn Flea eine vergleichsweise günstige Alternative zum alteingesessenen GreenFlea in der Columbus Avenue an der Upper West Side – allein schon wegen des extravaganten Vintage-Schmucks und der kunstvollen Bilderrahmen.

East River Waterfront (zw. 90 Kent Avenue und N 7th St), Williamsburg
Samstag 10.00 – 17.00 Uhr

176 Lafayette Avenue, Forth Greene
Sonntag 10.00 – 17.00 Uhr

www.brooklynflea.com

GreenFlea

Seit 25 Jahren beliebter Flohmarkt-klassiker unter Vintage-Liebhabern.

Columbus Avenue (zw. West 76th und West 77th St), Upper West Side
www.greenfleamarkets.com
Sonntag 10.00 – 17.30 Uhr

Hell's Kitchen

Zusammen mit dem Annex Antiques Flea einer der schönsten Flohmärkte vor allem für Vintage-Klamotten sowie Mid-Century-Accessoires und Möbel mit netten Local-Produce- und Streetfood-Ständen.

West 39th Street zw. 9th & 10th Avenue, Midtown
www.hellskitchenfleamarket.com
Samstag und Sonntag
9.00 – 17.00 Uhr

BEST-OF DELIS

Kulinarische Highlights, die man unbedingt einmal probiert haben sollte, hier auf einen Blick:

Pancakes
Five Leaves
(siehe S. 71)

Cheesecake
Lady M
41 East 78th Street, Upper East Side
Tel: 001 212 4522222

www.ladym.com
Montag – Freitag 10.00 – 19.00 Uhr,
Samstag 11.00 – 19.00 Uhr,
Sonntag 11.00 – 18.00 Uhr

French Toast
Egg
(siehe S. 74)

Bagel mit Lox Creamcheese
Barney Greengrass
541 Amsterdam Avenue,
Upper West Side
Tel: 001 212 7244707
www.barneygreengrass.com
Dienstag – Sonntag 8.00 – 18.00 Uhr

Bagel mit Kaviar-Cream Cheese
Russ & Daughters
(siehe S. 53)

Pastrami Sandwich
Katz's Delicatessen (siehe S. 100)
East Houston Street
East Village
Tel: 001 212 2542246
www.katzsdelicatessen.com

Burger mit Blue Cheese und
hauchdünnen Rosmarin-Allumettes
The Spotted Pig
(siehe S. 49)

Black Lable Burger mit
„dry-aged beef"
Minetta Tavern
(siehe S. 45)

Maple bacon chalah mit Dattelmayo
22 Howard Street, SoHo
Tel: 001 646 8633893

Smile to Go
(siehe S. 102)
www.smiletogonyc.com
Montag – Freitag 8.00 – 18.00 Uhr
Samstag und Sonntag
10.00 – 18.00 Uhr

Third Wave Kaffee
Stumptown

18 West 29th Street (im Ace Hotel)
Tel. 001 347 4147805
www.stumptowncoffee.com
Montag – Freitag 6.00 – 20.00 Uhr
Samstag, Sonntag 7.00 – 20.00 Uhr

Blue Bottle
160 Berry Street (nahe 5th Street)
Williamsburg
Tel: 001 718 3874160
www.bluebottlecoffee.net
Montag – Donnerstag 7.00 – 19.00 Uhr
Freitag – Sonntag 8.00 – 19.00 Uhr

Green Giant Power-Smoothie mit
Spirulina-Alge, Coconut water &
meat, Dattel, Raw Cacao und
Himalayan Sea Salt

Juice Press (siehe S. 60)

DO SOMETHING YOU HAVE
NEVER DONE BEFORE

Mit der Fähre nach Red Hook

Mit der Fähre nach Staten Island überzusetzen und die Ausblicke auf die New Yorker Skyline zu genießen ist ein Klassiker. Wesentlich besonderer aber ist es, mit dem Red Hook Express zu Ikea zu schippern. Selbst da hebt New York sich von der Masse ab, denn zu dem Möbeldiscounter reist man übers Wasser an – spektakuläre Stadtansichten inklusive. Der Red Hook Express, benannt nach dem Red-Hook-Sportstadion, legt an Pier 11 am Ende der Wall Street ab und am südlichsten Zipfel von Brooklyn an der Upper New York Bay wieder an. Dort erwartet einen eine der authentischsten Communitys der Stadt. Schlendern Sie die Van Brunt Street mit ihren zahlreichen Cafés, Restaurants und Weinbars entlang und legen Sie auf jeden Fall einen Stopp im Red Hook Lobster Pound ein. Die Hummer, die man sich aus dem Wasserbecken aussucht, kommen direkt aus Maine. Serviert werden sie als „lobster roll" und in Pappschälchen direkt nebenan, dazu gibt es Chips, Root und Ginger Beer – alles ist hier wunderbar schlicht und down to earth. In der Nähe können Sie sich durch die Weine der Red Hook Winery probieren, die herrliche, unaufgeregte Atmosphäre des Viertels genießen, und, wollen Sie es etwas romantisch, den Tag in The Good Fork abschließen.

So kommt man hin:

Pier 11, U-Bahn von Wall Street,
Financial District nach Fairway/
Van Brunt Street, Red Hook
www.nywatertaxi.com
Wochentags 14.00 – 20.00 Uhr
Wochenende 11.20 – 21.20 Uhr

Die besten Adressen in Red Hook:

The Red Hook Winery

175–204 Van Dyke Street, Red Hook
Tel: 001 347 6892432
www.redhookwinery.com

The Red Hook Lobster Pound

284 Van Brunt Street, Red Hook
Tel: 001 718 8587650
www.redhooklobster.com
Dienstag – Donnerstag 12.00 – 20.00
Uhr, Freitag, Samstag 12.00 – 22.00
Uhr, Sonntag 12.00 – 21.00 Uhr

The Good Fork

391 Van Brunt Street, Red Hook
Tel: 001 718 6436636
www.goodfork.com
Dienstag – Samstag 17.30 – 22.30 Uhr
Sonntag 17.30 – 22.00 Uhr

Steve's Authentic Key Lime Pies

185 Van Dyke Street, Red Hook
Tel: 001 718 8585333
Montag – Donnerstag 11.00 – 15.00 Uhr
Freitag – Sonntag 11.00 – 18.00 Uhr
(Circa-Zeiten, die Öffnungszeiten
richten sich nach dem Sonnen-
untergang)

Central Park

Der Central Park ist das Paradies zum Joggen in Manhattan. Wer einmal den Park umrunden möchte, muss circa zehn Kilometer laufen. Besonders beeindruckend ist der Teil oberhalb der 77th Street am See entlang und mit der Skyline von Manhattan im Blick. Hier fühlt man sich wie in einer Filmkulisse.

59th Street (Central Park South) bis 110th Street (Central Park North) www.centralparknyc.org

High Line Park

Ein besonderes New-York-Erlebnis ist die High Line in Manhattan, ein hoch gelegener Park auf der Trasse einer ehemaligen Bahnlinie. Zwischen alten Schienenstrecken sprießt es grün und gedeihen Kräuter und Blumen. In zehn Metern Höhe kann man hier von Chelsea bis zum Meat-packing District ganz entspannt flanieren und den Blick immer wieder staunend zwischen den Häusern von Manhattan und über den Hudson River schweifen lassen, während unten der Verkehr tost. Zwischendurch kann man sich auf Holzliegen ausruhen oder an Food-Ständen wie The Taco Truck, Delaney Barbecue, People's Pops oder Blue Bottle Coffee stärken.

Zwischen West 30th Street und Gansevoort Street, Chelsea & Meatpacking www.thehighline.org Täglich 7.00 – 22.00 Uhr

Food-Stände zwischen Little West 12th und West 18th Street April – Oktober

Tompkins Square Park

Der Tompkins Square Park mit seinen großen Ulmen im Herzen der Alphabet City im East Village ist eine beliebte Oase im Viertel zum Handball- und Basketballspielen, Dog-walken oder People-watching. Köstlichen Kaffee gibt es bei Ninth Street Espresso auf der Nordseite des Parks.

Zwischen East 7th Street und East
10th Street und Avenue A und B
Ninth Street Espresso
341 East 10th Street, East Village

Tel: 001 212 7773508
ninthstreetespresso.com
Montag –Freitag 7.00 -– 18.00
Samstag – Sonntag 7.00 – 20.00 Uhr

BUCHTIPPS

„Cash"

von Richard Price

Der New Yorker Autor Richard Price, bekannt auch für seine geniale Fernsehserie „The Wire", zeigt in diesem Roman erneut sein Gespür für mitreißende Dialoge, für realistische Szenerien und umwerfende Figuren. Hier sind es strauchelnde Familien, Barkeeper mit großen Plänen, geschäftige Asiaten, Studenten und desillusionierte Cops, die in der Lower East Side versuchen, irgendwie miteinander auszukommen. Als ein junger Weißer erschossen wird, kocht der Melting Pot über – und Detective Matty Clark hat einen neuen Fall. Aus Clarks Suche im Dickicht der Stadt knüpft Price ein schillerndes Kaleidoskop voller Rap und Slang und ein packendes Gesellschaftsporträt, das die Stimmung nach dem 11. September gekonnt auf den Punkt bringt. Zusätzlichen Aufwind bekam der Roman, als bekannt wurde, dass Barack Obama ihn im Sommerurlaub las.

„Die große Welt"

von Colum McCann

Am 7. August 1974 hielt der französische Hochseilartist Philippe Petit Manhattan in Atem. 45 Minuten lang balancierte er auf einem Drahtseil, aufgespannt zwischen den beiden Türmen des World Trade Center. Der illegale Drahtseilakt ist Dreh- und Angelpunkt in McCanns preisgekrönter Geschichte, in dem ein Dutzend New Yorker durch ihr Leben balancieren, hoch hinaufsteigen, tief fallen. Ein Roman, der von der noblen Park Avenue, durch den Financial District quer durch Manhattan bis in die Sozialbauten der Bronx führt, von den 70er-Jahren bis in die Gegenwart und zu Richtern, Prostituierten und einem irischen katholischen Mönch, zu Lebenskünstlern – und sogar Andy Warhol wird augenzwinkernd zitiert. Ein fulminanter New-York-Roman über das, was Leben sein kann, es manchmal nicht ist und über die Stadt selbst. „Eine der Schönheiten

---

New Yorks ist", lässt der Autor eine der Figuren sagen, „dass sie, kaum bist du dort gelandet, dir gehört."

„New York, I love you" (2009)

2009 hat der Produzent Emmanuel Benbihy elf Regisseure nach New York eingeladen, und zwar solche, deren Arbeit man nicht unbedingt mit dem Big Apple verbindet – Fatih Akin ist dabei, Mira Nair, Yvan Attal, der Asiate Wen Jiang. Und sie haben alle ihre persönliche Liebeserklärung gedreht. Acht Minuten lang ist sie jeweils, führt einmal quer durch die Stadt und zu einer Handvoll Paare. Zu Bradley Cooper („Hangover"), der auf dem Weg zu einer Frau ist, mit der er ein paar Tage zuvor angetrunken im Bett gelandet ist, zu Rachel Bilson („O.C. California"), die sich gerade in einen anderen Mann verguckt, zu einem Prom-Night-Paar, das nachts durch den Central Park streift, einer ultraorthodoxen Jüdin (Natalie Portman), die sich auf ihre Hochzeit vorbereitet – und zu herrlich erotischem Geplänkel vor einem Restaurant. Ein kurzweiliges Vergnügen, so abwechslungsreich und schillernd wie New York selbst.

„Gangs of New York" (2002)

Mit Kämpfenden, die Schlachtermesser, Hackebeile und gezackte Keulen schwingen, zeigte Martin Scorcese 2002, wie für ihn die Geburt der amerikanischen Nation Mitte des 19. Jahrhunderts stattfand. Von der Idylle wie in von „Vom Winde verweht" keine Spur, auch nicht von John Fords Aufbruchsmythen. Stattdessen tobt tief in New Yorks Lower East Side Armut und Rassenhass und gehen die Einheimischen auf die Einwanderer los. Vor einem Panorama, das mit Dirnen, Opiumrauchern und Schlachtern bevölkert ist, zeigt Scorcese, wie Billy the Butcher (Daniel Day-Lewis) und der jugendliche Held Amsterdam (Leonardo DiCaprio) sich einen erbitterten Kampf liefern. Die Kulissen wurden in den römischen Filmstudios Cinecittà mit großer Detailverliebtheit gebaut und zeigen New York in seinen Anfängen, schmutzig, rau und bildgewaltig.

Woody Allen (*1935)

Geht es um New York, führt kein Weg an Woody Allen vorbei. Auch wenn er manchen seiner letzten Filme in Europa drehte, widmete er dem Big Apple einen Großteil seiner Werke. Allen wurde 1935 in Brooklyn geboren, sein Vater war Diamantenschleifer, die Mutter Hausfrau – und er selbst startete schon mit 16 Jahren als Gagschreiber, arbeitete später als Stand-up-Comedian und hat bis heute mehr als 40 Filme gedreht. „Manhattan Murder Mystery" führte ihn 1993 zu Dreharbeiten ins legendäre Hotel 17, in dem einst auch Madonna wohnte, als sie noch erfolglos durchs Nachtleben tingelte, und das bis heute eine beliebte Unterkunft ist. Seine schönste Liebeserklärung an New York aber ist „Manhattan" (1979), eine in Schwarz-Weiß gedrehte Komödie über das Leben und Lieben einer Handvoll Stadtneurotiker.

Diane Arbus (1923–1971)

Berühmt wurde die Fotografin durch ihre Bilder von den Außenseitern der Gesellschaft, von Prostituierten, Obdachlosen oder Transvestiten, die sie vor allem auf den Straßen New Yorks aufnahm. Sie selbst entstammte einer reichen Familie, die ein Modekaufhaus besaß, wuchs an der Park Avenue auf und heiratete gegen den Willen ihrer Eltern deren Angestellten Allan Arbus. Die beiden fotografierten gemeinsam unter dem Namen „Arbs" für Modemagazine wie „Glamour", „Seventeen" und „Vogue". Nach ihrer Trennung wurde Diane als Fotoreporterin mit Hang zu exzentrischen Motiven berühmt, veröffentlichte im „New Yorker", in der „New York Times" und der „Herald Tribune". 1970 zog sie in eine Künstlerkolonie am Hudson River und begann eine Fotoserie über behinderte Menschen. Ein Leben lang von Depressionen geplagt, nahm sie sich am 26. Juli 1971 das Leben.

Tourist office:

New York City's Official Visitor
Information Center
810 7th Avenue (West 53rd Street)
Midtown
Tel: 001 212 4841222
www.nycgo.com
Montag – Freitag 8.30 – 18.00 Uhr
Samstag, Sonntag 9.00 – 17.00 Uhr

Times Square Visitor Center
1560 Broadway
www.timessquarenyc.org
Täglich 8.00 – 20.00 Uhr

City-Websites:
www.nyc.gov

Telefonieren:
USA: 001, New York: 212

Währung:
US-Dollar
1 Euro = ca. 1,07 Dollar
(Achtung: der Kurs schwankt)

Transport vom und zum Flughafen
(JFK, La Guardia, Newark):
New York Airport Super Shuttle: $ 19,
New York Airport Service Bus zu
Grand Central, Penn Station und Port
Authority: $ 15

Taxiruf:
Taxi & Limousine Commission: 311

Allstate Car & Limousine:
(800) 4534099

Stadtmagazine:
New York Magazine
www.nymag.com

Time Out New York
www.timeout.com/newyork

MEIN PERFEKTES WOCHENENDE

Freitag:

_____

_____

_____

_____

_____

Samstag:

_____

_____

_____

_____

Sonntag:

_____

_____

_____

_____

NOTIZEN

NOTIZEN

NOTIZEN

LUST AUF DAS WELTWEIT BESTE?

Die Buchreihen „Ein perfektes Wochenende ..." und „Eine perfekte Woche ..." werden vom Online-Travelguide www.smart-travelling.net in Kooperation mit Süddeutsche Zeitung Edition herausgegeben.

Auf smart-travelling.net gibt es:

☞ Handverlesene und aktuelle Tipps und Adressen für über 60 Städte und Regionen
☞ Blog mit kulinarischen Highlights und spannenden Interviews
☞ Direkte Buchungsmöglichkeit von Hotels

Reisen Sie mit uns um die Welt!

facebook.com/smarttravelling

instagram.com/smarttravelling